高校人力资源管理与大数据探索

陶树金　毛玉涛　著

吉林摄影出版社
·长春·

图书在版编目（CIP）数据

高校人力资源管理与大数据探索 / 陶树金，毛玉涛著. -- 长春：吉林摄影出版社，2022.11
ISBN 978-7-5498-5648-0

Ⅰ．①高… Ⅱ．①陶… ②毛… Ⅲ．①高等学校—人力资源管理—研究 Ⅳ．① G647.23

中国版本图书馆 CIP 数据核字（2022）第 229222 号

高校人力资源管理与大数据探索
GAOXIAO RENLI ZIYUAN GUANLI YU DASHUJU TANSUO

著　　者	陶树金　毛玉涛
出 版 人	车　强
责任编辑	吴　晶
封面设计	文　亮
开　　本	787 毫米 ×1092 毫米　1/16
字　　数	200 千字
印　　张	10.25
版　　次	2022 年 11 月第 1 版
印　　次	2023 年 1 月第 1 次印刷
出　　版	吉林摄影出版社
发　　行	吉林摄影出版社
地　　址	长春市净月高新技术开发区福祉大路 5788 号
	邮编：130118
网　　址	www.jlsycbs.net
电　　话	总编办：0431-81629821
	发行科：0431-81629829
印　　刷	河北创联印刷有限公司
书　　号	ISBN 978-7-5498-5648-0　　　定　价：56.00 元

版权所有　　侵权必究

前　言

随着我国经济发展水平的不断提高,高校的硬件设置日益完善,对于高校的发展来说,如何提高高校的管理水平已经成为促进高校发展的重要内容,这其中高校的人力资源管理尤为重要。本书对高校的人力资源管理理论、现状进行分析,就高校人力资源管理中的成本管理与教师人力资源管理两方面展开研究,并且根据当今大数据的时代背景对高校人力资源管理的大数据应用展开探索。

全书共五章。第一章为绪论,主要阐述高校人力资源管理概述、高校人力资源管理的理论基础以及其内容与意义等内容;第二章为高校人力资源成本管理,主要阐述高校人力资源成本概述、高校人力资源成本的预测、预算与控制以及高校人力资源成本管理的对策等内容;第三章为基于薪酬、绩效与激励的高校教师人力资源管理,主要阐述教师人力资源的概念与特征、高校教师的薪酬与绩效管理以及教师人力资源的绩效管理与激励等内容;第四章为高校人力资源管理的大数据探索,主要阐述大数据概述、高校利用大数据优化人力资源管理的探索以及大数据环境下高校人事档案的建设创新等内容。

为了确保研究内容的丰富性和多样性,在写作过程中参考了大量理论与研究文献,在此向涉及的专家学者表示衷心的感谢。

最后,限于作者水平不足,加之时间仓促,本书难免存在一些疏漏,在此,恳请同行专家和读者朋友批评指正!

目 录

第一章 绪论 …………………………………………………………… 1

第一节 高校人力资源管理概述 …………………………………… 3

第二节 高校人力资源管理的理论基础 …………………………… 13

第三节 高校人力资源管理的内容与意义 ………………………… 27

第二章 高校人力资源成本管理 …………………………………… 41

第一节 高校人力资源成本概述 …………………………………… 43

第二节 高校人力资源成本的预测、预算与控制 ………………… 51

第三节 高校人力资源成本管理的对策 …………………………… 67

第三章 基于薪酬、绩效与激励的高校教师人力资源管理 ……… 83

第一节 教师人力资源的概念与特征 ……………………………… 85

第二节 高校教师的薪酬与绩效管理 ……………………………… 91

第三节 教师人力资源的绩效管理与激励 ………………………… 107

第四章 高校人力资源管理的大数据探索……………………119

第一节 大数据概述……………………………………………121
第二节 高校利用大数据优化人力资源管理的探索…………127
第三节 大数据环境下高校人事档案的建设创新……………133

参 考 文 献……………………………………………………153

第一章　绪论

研究高校人力资源管理，可使各项工作形成有机整体，充分调动人的积极性、创造性，使各项工作职能得到充分体现，推动高校内部的深层改革，全面提高办学质量。本章分为高校人力资源管理概述、高校人力资源管理的理论基础以及高校人力资源管理的内容与意义三部分，主要内容包括高校人力资源管理的概念、高校人力资源管理的职能、高校人力资源管理的目标、高校人力资源管理的内容等。

第一节　高校人力资源管理概述

一、人力资源的概念

"人力资源"已是一个为人们所耳熟能详的词汇,但对"人力资源"范畴的认识,素来有多种观点。在此,我们对人力资源的内涵与外延进行一些分析,以便能准确地把握这一概念。

学术界对"人力资源"的定义做出过多种界定。例如:①人力资源是指一个国家或地区拥有的、具有劳动能力的人口的总和。②人力资源是指能够推动整个经济和社会发展的劳动者的能力,即处在劳动年龄的、已直接投入建设或尚未投入建设的人口的能力。③人力资源是指劳动力资源,或称人手,它是由全部人口中有劳动能力的那一部分人口构成的。④人力资源是指一切具有为社会创造物质文化财富、为社会提供劳务和服务的人。⑤人力资源是指具有智力劳动或体力劳动能力的人们的总称。⑥人力资源是指包含在人体内的一种能力,若这种能力未发挥出来,它就是潜在的劳动生产力;若开发出来,它就变成了现实的劳动生产力。

尽管上述定义的具体表述各不相同,但它们蕴含着重要的共同点——"人"和"劳动能力",而这恰恰是人力资源最为本质的要素。首先,人力资源只能来自"人",它不可能从任何其他物质中孕育出来。其次,任何人都不能仅仅因为是"人"而无条件地成为人力资源。最后,"人"和"劳动能力"缺一不可,只有两者同时具备,方能成为"人力资源"。

据此,可以将人力资源定义为:包含在人体内的一种生产能力,是表现在劳动者身上的、以劳动者的数量和质量表示的资源。从更广义的角度来看,只要作为生产要素正在使用或尚未开发的劳动人口都可以视为人力资源。人力资源可分为正在使用的人力资源和尚未开发的人力资源两部分。正在使用的人力资源是指在组织内实际从事各种经济社会活动的人，尚未开发的人力资源是指未参加各种经济社会活动的人。

二、人力资源的特征

（一）时代性

任何人都是在一定的环境背景下成长的，必然打上时代的烙印。一个时代的社会状况，都会影响和制约在这个时代中发展起来的人，使其具有特定的价值观念、道德观念和认知方式等。所以，在对人的管理中，要把人放到其成长的大背景中去考虑，这样才能在人力资源开发的过程中确立目标和方向。

（二）能动性

人在生产力要素中是最积极、最活跃的要素，人具有主观能动性，能主动地、有目的地和有意识地认识世界和改造世界。人力资源具有引导、操纵和控制其他资源的功能，人力资源的能动性可以推动社会发展。对人的能动性调动的好坏，直接决定着人力资源开发的程度和水平。因此，激发和维护人的积极性、主动性和创造性始终是人力资源管理的精髓。

（三）时效性

每个人的一生都要经历一些特定的生理和心理发展阶段，每个发展阶段都有其成长的特性。人的儿童和少年时期，人力资源尚处于储备阶段。人的青壮年时期生理与心理都比较成熟，体力充沛，同时随着工作经验的积累和个人素质的培养，各方面的工作也进入最佳状态。在这个时期，组织要开发和利用好人力资源,使人的贡献最大化。如果组织对人力资源储之不用,或没有充分地对其开发使用,按照素质衰退理论,一方面可能导致人的才能逐渐退化,甚至消失;另一方面,过了最佳的生理、心理时期,人的综合素质能力就开始从顶峰下降,这就是人力资源使用的时效性。

(四) 再生性

与物质资源的一次性开发不同,人力资源在成长和使用的过程中可以对其不断地进行开发。基于人口的再生产和劳动力的再生产,通过人口总体内个体的不断更替和劳动力的再生产过程,人力资源可以不断地再生产出来,世世代代延续下去。人的体能消耗到一定程度,经过休息可以再生。人的知识陈旧,也可以通过学习加以更新。因此,组织可以通过各种渠道和方式,促使人力资源的能力在使用中被不断地开发出来,而且当人力资源经过每一次新的开发后,其各种能力能够不断积累起来,以往开发出来的能力会在新的开发中发挥作用。这又被称为人力资源的"蓄电池"理论。

(五) 高增值性

人力资源的高增值性体现为:对人力资本的投入,能够获得高附加值的回报,而且人力资本体现出了收益递增的规律。人力资源投资收益率在明显的上升,同时劳动者自己可支配的收入也在上升。人力资源收益的份额正在迅速超过其他资源,人力资源的经济价值呈不断上升的趋势。

(六) 社会性

人力资源受社会、文化和时代等因素的影响,从而具有社会属性。社会政治、经济和文化的不同,会导致人力资源质量的不同。每一个民族或组织都有其自身的文化特征,每一种文化都是一个民族或组织共同的价值取向,这些文化特征是通过人这个载体表现出来的。每个人因受自身民族文化和社会环境影响的不同，价值观也不尽相同。这会在经营活动或人与人的交往中表现出来。人力资源的社会性，要求人力资源管理要注重团队建设。注重人与人、人与群体、人与社会的关系以及利益的协调与整合，倡导团队精神和社会责任感。

三、人力资源管理的概念

人力资源管理是指运用现代科学方法，对与一定物力相结合的人力进行合理培训、组织与调配，使人力与物力经常保持最佳比例，同时对人的思想、心理和行为进行适当的诱导、控制和协调，充分发挥人的潜能，使人尽其才，事得其人，人事相宜。人力资源开发得好与坏不仅关系着一个企业的成败。知识经济时代生产力的提高、经济的发展，更多地取决于作为科学技术、知识文化载体的人力资源。

四、高校人力资源管理的概念

高校资源包括人、财和物等资源，而高校人力资源是高校资源中最精华的部分，它具有创造性、主动性，通常指以脑力劳动为主的劳动者。高校人力资源可以分两大类定义，即是广义和狭义。所谓广义简而言之就是界定的范围较为广泛，包括在职的、退休的和部分待业甚至失业人员，这些具有劳动能力的社会成员的统称。而高校人力资源狭义的定义相对范围就小了很多，指存在于人民群众中，具有智力劳动和体力劳动，并且能够促进高等教育事业进步，社会经济发展的专门人才。狭义的高校人力资源包括劳动者的性别、年龄和专业等相关因素，并且涵盖了数量和质量两个主要方面。数量就是劳动者人数，而质量则是对劳动者自身情况的分析，如健康状况、受教育程度、学术技术水平、社会修养、专业素养等相关因素。教学人员即师资、管理人员和后勤服务人员三者形成一个三角阵势，这个阵势构成了高校人力资源的整个体系。

高校是培养人才的重要地方，也是人力资源最集中的地方，因此对高校人力资源进行合理的管理就是对整个人力资源事业的推进。人力资源管理是通过对人力进行和合理的组织、培训及安排，并且结合科学的现代化方法使得人力和物力达到一定的比例，保持长期的平衡。与此同时，高校人力资源的建设针对人的思想和行为都会有效地进行引导，使其充分地发挥人的主观能动性，做到人尽其才，提高整个队伍的质量和数量，最终实现最好的目标，获得最大的收益。

从整体的角度上讲，高校人力资源主要指高校内部人力资源部门，针对人力的开发、配置和评价等环节进行管理分配的活动。从微观的角度来说，组织和规划高校不同级别的从业人员，规划的内容主要是招聘制度、人员流动及绩效考核等。高校人力资源既有对人的智力开发，也有对人的思想文化的熏陶；既有人的主观能动性能力的发挥，也有对人潜在能力的挖掘；既有预测和规划人力资源的能力，又有人力资源的培训和组织。总之，高校人力资源是高校对人力资源进行有效合理的开发、利用及管理的总称。

五、高校人力资源管理的发展定位

高校作为一个培养高层次人才，生产和传播新知识、新思想的重要基地，以及它在国家创新体系中的重要地位，高校的各级领导和管理部门应对人力资源管理给予充分重视，要尽早积极开展人力资源管理工作，并对未来工作的开展进行准确定位。

（一）人力资源管理者素质的提高

从事高校人力资源管理的高校管理者需要具有良好的人力资源管理技巧，特别是要正确地掌握好对具有较高教育程度的、学校紧缺专业的人才、高科技人才、中青骨干人才及刚刚加入这个队伍的青年人才进行激励的技巧，这些技巧是人力资源管理中至关重要的问题。现代人力资源管理的方向是将传统的经验型、行政型管理转变为科学化、标准化和规范化的管理，管理者应当具有丰富的专业知识和良好的文化素养，尤其是要坚持与时俱进，进一步解放思想，转变观念，真正具有识才的慧眼。高校管理者应以全新的人力资源管理观念作为未来工作的指导，这样不但有利于高校的体制改革的逐步推进，而且有利于高校整体活力的激发。

（二）人力资源管理机制的健全

人才资源管理机制是高校人力资源管理工作中不可缺少的要素，也是最为重要的一个环节。激励与约束机制，在人才使用管理中，在坚持权利与义务相一致的同时，必须把激励机制与约束机制结合起来，调动教师的积极性和主动性；服务机制，新的管理方式应以提供优质服务为主，促进人力资源管理作用的发挥，包括信息服务、科研服务、教学服务，牢固树立以人为本的服务理念；人才使用机制，即合理地配置各类人力资源，实现人尽其才，最大限度地挖掘人力资源的潜能，实现人才使用的最优化配置。

（三）人力资源管理新观念的导入

只有管理新观念的导入，才会对今后的管理工作给予正确的指导，树立高校人本观念。重视人的因素、发掘人的潜力、激发人的主动性，建立一套有利于各类人才成长和发挥作用的机制，把人才培养与人才使用结合起来。关注人才职业生涯的发展，学校参与人才职业生涯规划的指导和管理，关键是要为人才的成长和发展创造一个舞台，使其能够充分施展才华，同时对其发展给予适当帮助和及时引导，让其尽快找到一条科学合理的成长之路，在最终实现自我价值的同时，也实现了人才的社会价值。高校的人才真正做到业务精专、教学科研并重，并且乐于奉献、爱岗敬业。在市场经济和知识经济高速发展的今天，高等学校应牢固树立人才资源是未来高校发展的第一资源的理念。积极导入全新的人力资源管理观念，建立健全合理、有效的人力资源管理机制，科学合理地完善高校的人力资源结构，以期实现高校人力资源管理的科学化、规范化，进而增强高校在未来发展中的竞争实力。

六、高校管理的核心是人力资源管理

同其他组织一样，高校资源也包括人、财、物、信息等部分。对财、物和信息的管理都是通过人来实现的。高校人力资源管理的目的就是通过"人尽其才"以达到"财尽其力""物尽其用"。高校人力资源是高校的一项重要无形资产，它渗透到高校组织的整体运作系统中，能为高校创造竞争优势。

高校人力资源是最活跃、最积极的生产要素，具有其他财、物和信息等资源无法比拟的重要性质。人是高校中最活跃的因素，对高校的全部活动起着支配作用，是决定高校存亡兴衰的根本因素。人本身就具有丰富的情感和不同的思维，在不同的时间、地点和情景中会有不同的表现。这是人同其他资源的最大区别。正是人的这种特殊性，决定了人力资源的特殊性——不可复制性和不可模拟性，并且具有潜力，其潜力的发挥可能是无极限的。高校之间互相模拟的是那些主观性、能动性不强的资源，如物质资源、财务资源和信息资源等，像高校之间建筑物及教学设备的设计、财务管理制度、信息的来源等都可以互相效仿，但唯有人力资源是永远不可模拟的，具有很大的发展潜力。因此，在对高校进行管理时，就必须充分认识高校人力资源的特殊性，充分发挥其不可复制性的优势和自身潜力，以使管理达到最佳效能。

高校人员具有更大的能动性，对其进行管理有利于高校其他管理活动的开展。高校是我国学历水平最高人才的聚集地，其人员的知识结构、能力结构和道德品质结构都发展的比较理想，在教书育人、科学文化创造以及社会精神文明建设中起着重要作用。高校管理人员具备敏锐的洞察力和先进的经营理念，能合理有效地利用好高校的人力资源，进而使高校的物质资源、财务资源和信息资源等发挥更大的效益。高校完善了人力资源管理，就可以建立一套科学合理完善的管理体制，包括管理体系、制度建设和管理手段等，这些都是高校高效运作的基础；完善了高校人力资源管理，就可以加强高校的资产管理，合理有效地利用高校的资源，同时可以消除高校中存在的各科系间的"贫富分化"，使各科系间的资源均衡化。所以，高校人力资源是高校最宝贵的战略资源，是其他各项资源的根本。只有合理使用和开发人力资源，才能给高校带来持续的竞争力。

七、高校人力资源管理的职能

（一）人力资源规划

高校为了实现其目标，就必须有能够胜任各种工作的教师以及管理人员。规划是一项工作的开端，同样，人力资源规划也是人力资源管理的开端。开端好了，或者说"龙头"摆正了，就为完成好以后的工作奠定基础，铺平道路。高校人力资源规划指的就是根据高校发展战略、学科建设与学术梯队建设目标，分析现有人力资源的素质、职务结构、学历结构、学缘结构、年龄结构、专业结构以及性别结构等因素，在预测高校发展环境的变化及人力资源供给与需求状况的基础上，制订的相应的人才队伍规划，包括短期、中期以及长期规划。它是实现高校战略目标的重要保证，是实现高校可持续发展的重要基础。高校人力资源规划是整个人力资源建设过程中的指导思想。

（二）人力资源招聘

为了达到高校的人力资源管理目标，通过一系列环节而获得高校所需要的，与工作相适应的合格人员的过程，就是人力资源的招聘，它在人力资源管理中占有重要的地位。高校人力资源的招聘主要是指根据高校人力资源的规划，结合学校的学科建设目标以及学术梯队的构建等要求，制订岗位需求、岗位聘任条件、岗位职责以及考核目标等，并经相关学科组专家考核认同而开展的选拔与录用。它是高校不断补充新鲜血液，让高校充满生机活力的重要手段与职能。

（三）人力资源的培训与开发

个人、工作和组织总在不断变化，尤其是对于高校来说，总是在送走一批批的学生的同时又要迎接一批批的新生，这就使得学校的变化日新月异，所以要使个人、组织更有成效，能适应时刻变化的环境以及组织。人力资源开发是必需的，高校要保持其竞争力并且培养出适应社会经济发展的人才，就必须在人力资源开发过程中不断地改进和提高。

人力资源开发，就是以有计划地发掘、培训、发展和利用人力资源为主要内容的一系列活动和过程。它以人力资源投资为前提，包括人力资源的教育、培训、管理以及人才的发现、培养使用与调剂等环节，运用政策、法律、制度和科学方法，提高人的素质和能力，挖掘人的潜力，力求人尽其才、才尽所用，从而促进经济和社会的发展。

(四)人力资源的绩效、薪酬管理

绩效管理为高校的人力资源提供了利用员工的实力克服存在的不足的机制,从而使员工变得更令人满意和更富有成效。

对于高校来说,其员工的劳动大多数是脑力和知识型的劳动,这种劳动的贡献不易计算,其成果反应具有滞后性,科学地计量员工劳动状况和成果是高校人力资源管理的重要内容。

第二节 高校人力资源管理的理论基础

一、战略的人力资源管理理论

战略的人力资源管理理论内核是"适配"。适配的思想起源于生物进化论，该理论认为处于充满风险和变化的环境之中的生命体，其生存和发展取决于是否能与所处的环境状态相一致。这一思想被引入后，学者们便着迷于探索人力资源管理与企业环境、战略等相关要素间的适配，并相信良好适配能为企业带来更高的绩效。

1984年，迈尔斯和斯诺提出了一个具有重要影响的人力资源管理与企业战略相适配的理论模型。迈尔斯和斯诺首先在其早期的战略、结构与绩效的基础上，将企业战略划分为三种类型：防御型战略、分析型战略和探索型战略。执行防御战略的企业常常只涉足一个狭小而稳定的产品市场领域，很少对技术和组织结构进行大的调整。这种企业追求以更好和更有效率的方式生产产品或提供服务，注意市场防御，但很少进行研究与开发，需要时常从企业外引进技术。执行探索型战略的企业以不断追求新产品和新市场为特征。这种企业十分关注新机遇，会不断地进行新产品试验，并冒险进入新市场，它们常常是市场变化的创造者和主导者，并以此迫使其竞争对手做出反应。执行分析型战略的企业特性介乎两者之间，它们常常既会如执行防御战略的企业那样，在一些稳定的市场领域内经营，也会如执行探索型战略的企业那样出现在一些新的变化的市场领域，它们常常不是市场变化的制造者，但能够比执行防御型战略的企业，更快地跟上市场变化。然后，根据不同的战略对企业组织的不同要求，迈尔斯和斯诺为每一种企业战略设计了不同的人力资源管理实践组合。

同样，舒勒、杰克逊、麦加、鲍尔钦和卡迪以及贝蒂和施奈尔等也有类似的理论，他们或是借助于波特的一般竞争战略，或是根据自己的企业战略分类，给出了多个大同小异的人力资源管理与企业战略适配模型。这些理论不断地重复着同一个结论：不同的企业战略需要有不同的人力资源管理实践，人力资源管理作用的大小取决于其与企业战略的适配程度。

立足于企业战略与人力资源管理之间存在着相互作用、相互依存的关系，伦格尼克·霍尔等提出一个双向的适配模型。伦格尼克·霍尔等认为，首先，企业战略不是事先给定的，是综合多种因素影响的产物，其中包括人力资源及其管理；同样，人力资源管理实践也是综合多种因素影响的产物，也会受到企业战略的作用。因此，企业战略与人力资源管理是一种相互依赖的关系，既相互补充，又相互牵制。其次，尽管人力资源管理不是企业战略形成的唯一或主要的考虑因素，但人力资源管理对企业战略的形成会有直接的影响。因此，存在着企业战略向人力资源管理实践适配的可能。最后，从长期来看，在企业战略的形成和执行过程中，从相互作用角度考虑人力资源管理与企业战略关系的企业将比只是将人力资源管理看作是执行企业战略的工具的企业有更好的绩效。

总之，企业战略与人力资源管理间良好的适配将会为企业带来高绩效，但两者在实现良好适配的方法上存在着差异。显然，战略的人力资源管理理论暗含着"适配能带来绩效"的假设，这为探讨人力资源管理与企业绩效的关系提供了线索。然而，适配仍是一个黑箱，我们可以在黑箱的两端检验适配与绩效的相互关系，从而证明人力资源管理对企业绩效影响的存在，但要提示人力资源管理影响企业绩效的方式与过程，战略的人力资源管理理论的帮助将是有限的。

二、描述的人力资源管理理论

描述的人力资源管理理论的共同特点是通过描述提供人力资源管理的概念性框架，并对人力资源管理内容和可能结果进行广泛的分类。这一类理论强调开发系统，力图将人力资源管理引入更宽泛的研究领域，并表述一些相互关系。其能够对人力资源管理所包含的变量进行全面的把握，但无法提示人力资源管理的本质。由拉特格斯大学的兰德尔·舒勒教授和南京大学赵曙明教授分别提出的两个模型则是描述的人力资源管理理论的两个代表。

舒勒认为，人力资源管理实践是由企业的内外部环境所决定的，并直接影响着企业目标的实现。有效的人力资源管理目标是与企业目标相一致的，是为企业目标服务的。在通过人力资源管理实践达成企业目标的过程中，不仅人力资源管理部门要扮演特定的角色，高层管理、直线经理和员工都要承担一定的责任。因此，舒勒的人力资源管理模型包括内部环境、外部环境、人力资源管理实践、责任者、人力资源管理的角色、直接目标、具体目标和终极目标。

赵曙明教授则把企业看作是一个资源转换器，认为人力资源管理就是对人力资源在企业中转换过程的管理，包括如何选择和控制进入企业的人力资源，如何对进入企业的人力资源进行开发与利用，如何保留和更替进入企业的人力资源。由此，赵曙明教授提出了人力资源管理的"五才模式"。

总之，描述的人力资源管理理论是非规范的，仅限于一般水平上的说明，其在对人力资源管理领域的要素、关系等进行全面描述的同时，暗示着这些人力资源管理政策与实践对任何企业都是普遍适用和有益的。尽管描述的人力资源管理理论无法为我们提供检验人力资源管理与企业绩效关系的清晰的关注点，但是，它却像是一份人力资源管理的"地形图"，可以使我们在探索人力资源管理影响企业绩效的作用方式与过程的航程中不至于迷失方向。

三、规范的人力资源管理理论

这种理论或模型的主要特点是它们在方法上更为规范，常常建立在实证调查和统计分析的基础之上。由沃尔顿提出、阿瑟论证的控制与承诺模型和德莱瑞、多蒂提出的市场型与内部型模式便是规范的人力资源管理理论的范例。

阿瑟以分权化的决策制订、员工参与计划、一般培训、技术员的比率、每个管理者临近员工的数量、企业主赞助社会活动的数量、公平程序、工资、利益和奖金为研究变量，对美国30家小型钢铁厂的人力资源管理状况进行调查，并通过聚类分析，发现这30家小型钢铁厂的人力资源管理政策与实践最终可分为两种类型："控制模式"和"承诺模式"。阿瑟指出，尽管理论上我们有多种多样的人力资源管理模式，但实践中只存在两种选择：控制模式或承诺模式，而控制模式与承诺模式在人力资源管理政策和实践上截然不同。

总的来说，人力资源管理的承诺模式注重将企业目标与员工个人目标相联系，以产生理想的员工行为和态度；而人力资源管理的控制模式目的在于减少直接劳动成本和强迫员工服从特定的规则和程序以提高效率。

此外，德莱瑞和多蒂也在克尔和斯洛克姆、奥斯特曼、索南费尔特和佩珀特等人的工作基础之上，提出两种不同的人力资源管理模式：市场型与内部型。其中，市场型的人力资源管理模式以从企业外部雇用人员、很少提供培训和基于结果的绩效评估为特征，企业对员工也常常按其个人绩效付酬。内部型的人力资源管理模式以存在内部劳动市场为特征，在这种模式下，企业注重培训，绩效评估主要针对员工行为，评估结果反馈的目的是改善与发展，提供较高程度的雇用保障，员工被视为有价值信息的源泉，但员工的工作被严格定义。

总之，规范的人力资源管理理论一般根据实证资料提出为数不多且相对简化的模型（如控制与承诺、市场与内部），这些模型不仅包含一些具体的人力资源管理实践，而且包含这些实践的目标。这不仅对我们有效地进行人力资源管理的测量具有相当大的帮助，而且为我们提供了一些有用的探索人力资源管理与企业绩效关系的中间变量，如员工承诺。然而，规范的人力资源管理理论又暗含这样的推论：单个的人力资源管理政策或实践与企业绩效的关系是不明的，只有特定的人力资源管理政策与实践的组合才会对企业绩效产生积极的影响。因而，人力资源管理政策与实践越接近于规范模式的企业，就越具有较高的绩效。这给人力资源与企业绩效关系的研究指出了新的方向。

首先，人力资源管理理论同人力资源管理政策与实践一样，也呈现出多样性的特征。其次，战略的、描述的和规范的人力资源管理理论虽然都以人力资源管理为研究对象，但它们关注人力资源管理的角度不同。最后，战略的、描述的和规范的人力资源管理理论虽然都涉及企业绩效问题，但在人力资源管理与企业绩效的关系上，战略的人力资源管理理论认为要以人力资源管理与企业战略适配状况为条件；描述的人力资源管理理论持一种普遍的观点，相信人力资源管理的政策与实践对任何企业都适用，且这些政策与实践对企业总绩效产生积极的作用；规范的人力资源管理理论则关注特定的人力资源管理政策与实践的组合，认为人力资源管理对企业绩效的影响是通过特定的人力资源管理政策与实践的协同效应产生的。

四、人力资源管理理论的发展

（一）雇佣管理阶段

人力资源管理的实践可追溯到十六世纪西方国家的早期工业。作坊式的工场生产和家长式的管理体制在培训、工作分配等方面为人力资源管理积累了一些经验。

人力资源管理的雇佣管理阶段是从十九世纪后半期资本主义工厂制度建立到资本主义自由竞争阶段结束为止，经历了100多年的历史。之所以把这一阶段命名为雇佣管理在于劳资双方的关系是以商品（劳动力）、货币（工资）交换关系为基础，这一阶段的主要特征如下。

管理观念上的"商品人"观念。第一次技术革命促进了资本主义经济的早期发展和大规模的资本密集的经济组织的出现，企业管理重视资金和技术而不重视人力的价值。在管理观念上，视人力如一般的商品，在管理者利润最大化的目标函数里，劳动力与其他生产要素一样，在取得时追求廉价，并充分利用，一旦用不着了，就会弃之如敝屣。劳动者受雇佣的主要目的在于糊口谋生，他们较少有与雇主讨价还价的资格和权利，所以劳资双方是典型对抗的主仆关系。

管理方式上是随心所欲、独断专行、非系统化的管理方式。企业的人事部门和规章制度都不存在。在绝大多数厂里，最高管理者把所有人事管理权诸如招工、解雇、定薪、提职和分配工作等统统下放给负责车间或部门工作的工头。工头的任务是用最少的单位成本生产产品，他们凭自己的经验，采用高压驱动手段、无时无刻不紧盯着工人劳作。工人凭自己的经验操作，工人和管理人员的培养靠师傅带徒弟的方式。这种非系统化的管理方式常常带来管理者随心所欲和独断专行，如工头在招工时任人唯亲、在解雇时又公报私仇，同工不同酬，工厂没有一套适当的申诉渠道和管理机制等。这种方式大大挫伤了工人的劳动积极性，工人磨洋工现象严重。

管理效果上因管理机制是非科学性的，引起工人和资本家之间的矛盾日益加深，严重影响了劳动生产率的提高。生产过程中的极度浪费和低效率与工人就业无保障、低工资和危险的工作环境成为劳资冲突的主要表现。但是当传统的管理方式还有效时，雇主们不大愿意主动寻求和采用新的管理方式。十九世纪英国空想社会主义者罗伯特·欧文是人事管理的先驱者，他的重视人的因素的管理理想与当时的生产力水平和生产关系状况不相适应，其改革劳资关系的实践也因这种空想性而失败。十九世纪末，资本主义经济进一步发展，生产技术越来越复杂，劳动分工更细，加上劳动市场上的周期性失业潮引起货币工资下调和工作条件的不断恶化，劳资冲突引起社会对立的加剧，改革雇佣关系的呼声就越来越高。

（二）人事管理阶段

人事管理阶段是从十九世纪末期到二十世纪三十年代为止的实践。这一阶段产生了人事管理学派，追求"事"与"人"的配合是这一阶段的显著特点。人事管理作为一个独立的管理职能进入企业活动的领域后，大量关于人事管理的论文发表在管理杂志上。1920年第一本以《人事管理》为名的教科书出版了，该书归纳了雇佣、报酬、纪律以及其他相关领域的一些做法。人事管理阶段的主要特征如下。

管理观念上的"金钱人"观念。资本主义自由竞争向垄断发展，工业化带来专业化、劳动生产率的提高。被马克斯·韦伯称为"新教伦理"的资本主义精神，以及自由伦理、市场伦理等社会化环境因素共同作用于资本主义企业，产生了对"人"观念上的变革。"金钱人"人性假设代替了"商品人"人性假设。人事管理的倡导者和实践者认为员工所需要的是金钱物质的激励，要实现人与其工作完善地结合在一起。人事管理的功能只要重视员工物质福利即可达到激励员工的目标。

管理理论上诞生了人事管理学派这一阶段，为了解决"磨洋工"现象，泰勒分析了当时存在的实际情况，他认为劳资冲突产生于工作场所不当的组织方式和不当的生产与分配手段。他从工场开始研究如何利用机械方法，以提高人力体能运用的价值并提出了一些调节劳资关系的理论。例如，标准化实现科学的劳动定额和标准化的工人培训；有差别的刺激性的计件工资制激励工人最大化工作；挑选"第一流工人"，工人的"选拔和培训"应遵循的能级原则；消除劳资对立应进行"精神革命"等。同时代的法约尔在其管理十四条原则中也涉及了人事管理的原则，如公平、秩序、公正、稳定、首创精神和集体精神等。这些理论为现代企业人事管理奠定了理论基础。"二战"期间以改善雇员的家庭和工作生活为目的的工业福利运动流行起来，科学管理运动与业福利运动的融合产生了人事管理学派。

管理实践上有了专职人事部门承担人事管理职能。人事管理学派认为传统的雇佣管理是违反人性的，要解决劳资冲突就必须从工头手里拿走人事管理权，将其赋予专职的人事管理部门。在他们的倡导下，从那时起对劳动力的管理成为现代经营活动的重要一环，人事管理部门的职能在于开发一套通过雇佣记录和能力笔试进行选拔的正式程序以及承担福利代表的职责，人事管理学派对于招聘、选拔、培训、报酬、激励以及与雇主交流等方面研究的原理原则也运用到了人事管理实践中。人事管理阶段由于改变了雇佣的观念，促使衡量劳动量的各种定额和标准的出现，并提出了劳资双方的合作是双方利益之所在，调节了生产力和生产关系的矛盾，使劳动生产率大为提高。但是人事管理学派的根本缺陷在于:"经济人"假设忽视了雇员的社会和心理需要。泰勒制企图把人改造得适合工作,专精一道工序和一个动作,使工人丧失了创造性和技能,有人批评:"泰勒制只是把劳动的商品概念,换成了机器概念。"战后,工人进一步认识到泰勒制变成了雇主用于加快工作进度的剥削工具。二十年代末、三十年代初资本主义世界经济萧条和特大经济危机冲击,进一步促使社会矛盾特别是劳资矛盾激化。工人用更多的罢工和怠工等形式进行斗争,劳动生产率大幅度下降,这说明人事管理理论开始失灵,客观上需要新的理论来指导实践。

(三) 人力资源管理阶段

人力资源管理阶段是从二十世纪三十年代初到60年代末的时间。把人力看作一种具有能动性、高增值性的特殊资源,工作的设计与划分,务必以加强人员才能为目的,是这一阶段的显著特点。这一阶段的主要特征如下。

管理观念上的"社会人"观念。二十年代,梅奥和他的同事们以霍桑实验结果否定了"经济人"假设,提出了人是"社会人"的概念。这种观念转换为最终抛弃压力驱动机制,并为采取积极的雇佣手段提供了理论依据。梅奥作为行为科学的早期代表人物,认为要缓解组织和个人冲突,管理人员必须摆脱先前的偏见,深刻理解人在组织中的社会、心理方面的影响,影响生产效率的第一因素不是工作条件、休息时间和待遇的变化,而是工人的士气、工人之间的关系。

管理理论上人事管理学派发展为人力资源学派。从20年代起,一些西方学者把社会学、心理学等学科引入管理研究领域,人事管理学派也极力主张将行为科学引入人事管理理论、从行为主义的观点出发去研究人事管理和各种问题。人事管理从社会学、心理学那里汲取了大部分科学营养,形成了激励理论、需要层次理论、团体行为理论和领导行为理论、组织发展与变革等诸多理论学派。"二战"后，人事管理学派发展为人力资源学派。

人力资源管理方法有了新的突破。这一阶段，管理从以事为中心，追求"人"与"事"的配合，以完成目前工作或任务为目标转向以人为中心，以充分发挥人的才能和潜能来提高劳动生产率。工业心理学引入人力资源管理，在工作分析、测试、人员的甄选、考核、调配和工作分配等方面提供了科学的方法。这一时期工会组织的开始发展壮大，工作场所的规章制度受到重视，仲裁作为劳资谈判的新内容成了促进工业正常发展的专门手段，人事管理部门越来越重视员工福利。人力资源管理阶段通过对人的本性和需要的重视，通过对职工满意度的提高来激励工人，一定程度上调节了生产关系，缓和了劳资矛盾，调动了工人的积极性，促进了资本主义生产力的发展。但是，过分强调以人为中心，往往抹杀了对人、对事和对物的管理有机结合。人力资源管理把重点放在雇主一方，不能从总体上把握企业人力资源管理，单一的原理和原则，不能与纷繁复杂的人事管理活动相适应，特别是60年代以后，技术革命和产业结构的调整；生产社会化程度加深；产品生产期大大缩短；国际化市场竞争更加激烈；人们的教育程度普遍提高，要求参与管理与拥有管理自主权等。这些内外环境的剧烈变化，使企业转向更适应潮流的管理系统，人力资源管理理论使向更高阶段推进。

（四）人力资源发展阶段

人力资源发展阶段是从60年代初到80年代末的时间。这一阶段人力资源管理基本上实现了招聘录用、考核评估、报酬分配及人力资源开发管理四个部分的有机结合，从而实现了人力资源的系统化管理。这一阶段的主要特征如下：

管理观念上对人性假设具有多样性。例如，西蒙的"管理人"假设、洛希和莫尔斯的"复杂人"假设。西蒙在决策理论中阐述新的人性假设，他提出管理就是决策的新思想，并认为组织中不同层级的员工都在做决策，所以都是"管理人"。杰伊·洛希与约翰·莫尔斯合作发表的著名的《超Y理论》文章，在企业人力资源管理领域，发展并丰富了权变管理思想。他们认为人是抱着各种各样的愿望和需要加入企业组织的，人是"复杂人"，应按组织目标工作的性质、职工的素质等不同情况采取灵活的管理方式和方法。

人力资源管理理论呈多样化。一方面，人力资源管理理论更多地吸收社会科学和自然科学中有关学科的研究成果，不断丰富完善其内容；另一方面，人力资源管理也从以往侧重于原理原则的探讨发展到经验实证研究。经验主义学派代表人物德鲁克提出的"目标管理"，是综合了以工作为中心和以人为中心的管理制度，其实质是尊重雇员的参与意识和自我管理能力，使其在工作中得到满足自我实现的需要。人力资源发展也是这一阶段理论的新发展。为了获得竞争优势，管理者必须将企业内每一个人的潜力充分发挥出来，使职工在工作上提高警觉，进行研究、创新和改进。

人力资源发展理论的研究成果广泛地在企业中实施。尤其是目标管理理论的"参与管理"至今仍被许多企业采用。60年代，人员测评技术提出来后在企业中得到了迅速发展，企业人力资源开发手段也呈立体、多维化发展。除了继续采用培训、职位晋升等传统手段以外，还辅之以建设性的人力资源管理机制，在改善职业生涯方面采用工作丰富化、弹性工作的时间制、工人参与管理等精神激励手段，使员工感到工作更富挑战性，培养员工革新与创新精神，帮助员工适应变化的环境。

这一阶段人力资源管理侧重于甄选、人员测评、员工培训、健康和安全、发展人才库等方面。这一阶段实现了人力资源的系统化管理，人力资源管理理论也有了较为成熟的框架。80年代以来，以信息技术为标志的当代生产力迅速发展，全球化、多角化经营使企业经营观念转向可持续发展，高科技、高素质的人才资源成为企业最重要最稀缺的资源。如何保证人才的短期及长期利益和事业的发展空间，以加强持久发展的团体意识，成为人力资源管理部门和人力资源管理学者关注的焦点。

（五）人才资源开发阶段

人力资源开发阶段从70年代末到现在。这一阶段的管理重视企业文化氛围，让每一个人在亲密环境中加倍贡献自己的才智以适应跨国竞争重视人才资源开发是这一阶段主要特点，具体特征如下。

管理观念上"观念人"假设。企业文化理论认为，观念的同一性能创造团结协作气氛和集体主义精神，整体上增强企业竞争优势。企业要实现"生存第一，发展第一，稳健经营，永续发展"的可持续发展战略，首先要有人才资源开发战略，把人才优势作为赢得最佳竞争优势的战略。

管理实践中人才资源管理与开发已纳入企业战略管理之中。人力资源管理部门除了承担传统的招聘、培训、评估奖罚、报酬分配等一般职能外，还注重多形式培养引进人才，高素质的技术管理人才成为猎头公司追逐的目标。跨功能团队越来越多，使各级经理人员都参与人力资源管理，这使得在各级管理中进行人力资源技能的培训成为必要。跨国公司的发展对跨文化管理的经理人员的培训和发展提出更高要求，人才的价值体现在高报酬、完善的福利待遇上。

（六）人力资本营运论

人力资本营运论是人力资源管理理论发展的趋势。当前世界经济已进入

"知识经济"、全球经济一体化的时代，企业生存和发展的环境正在发生巨大的变化。这一变化的重要标志是社会赖以发展的战略资源发生了根本性变化。在工业社会里，钢铁、汽车和机械等传统工业是资本密集型产业，其战略资源是物质资本。到知识经济时代，微电子、生物工程、宇航工程、高新技术产业是知识密集型产业，其战略资源是人力资本。因此，在今天和未来，谁拥有大量的高质量的人力资本，谁就会在激烈竞争中占有优势。

早在二十世纪五十年代，美国经济学家舒尔茨就提出了人力资本理论。他在《论人力资本投资》一书中指出：社会和个人投资在人力身上的花费如同投资在固定资产上一样，是能使社会和个人产生及高收入的形式，这显然是一种资本，应加强它的投资。

人力资本营运论的"人力"具有双重性：一方面，它是企业的生产要素，即人力资源；另一方面，它又是资本，一种比物质资本贡献大得多的核心资本。企业对人力的管理将代之为人力资本的营运。

人力资本营运包括两个层面：一是企业把人力资本作为一种主要管理对象（生产要素）进行的经营管理活动，即人力资本经营，亦称人力资本管理，二是企业把人力资本作为主要交易对象进行的买卖活动，即人力资本的运作或运营。在前一层面上，人力资本经营所从事的主要工作，仍是过去人事管理，人力资源管理阶段的事务性工作，即在管理中主要处理工作中人的问题，以及人与企业的关系，如人员规划、员工招聘与遴选、员工工资与福利、员工考核与调配、职位升降、教育培训、劳资关系等。人力资本运营应要求企业按照可持续发展的要求制订出企业的人力资本经营计划，加大人力投资与开发的力度，采取各种手段促使人力资本在企业内外的寻优配置，发挥出人力资本最大的增值能力。后一层面的人力资本运营，已在当今体育人才市场上逐渐表现出来。

人力资本运营论的确立，要求企业在发展中，首先要充分调动每一员工的积极性，发挥蕴藏在人力上的人力资本这一无形资产的巨大潜能，推进企业物质资本扩张。其次，要通过人力资本扩张，追求企业的价值增值。这里的人力资本扩张，是指企业通过增加人力资本数量，并转化为人力资产存量再用以推动企业总资产扩张的循环往复的过程。

人力资本运营论的提出使企业管理思想发生全新的革命，具有划时代的意义。它彻底改变了企业对人的认识，使传统的劳资雇佣关系发生变化，企业中所有人都将是资本所有者，都有权按其投入不仅获得资本补偿，还要获得价值增值；对人力资本的投资应是企业、个人和政府共同的大事，这一投资都将获得其投资收益。这时人的主动性、创造性和潜能将得到极大的发挥，人将得到全面的发展，人性将以发展观、创造观为代表。我们应做好准备迎接这一时代的到来，使企业快速发展有一个科学的人才观。

第三节 高校人力资源管理的内容与意义

一、高校人力资源管理的目标

人力资源管理就是通过一系列的管理手段,最终达到组织发展目标的一种行为。阿姆斯特朗在《计划与行动》一书中提出的人力资源管理目标是共性的,就学校而言,人力资源管理的目标主要包括以下几个方面。

(一)建立良性的人才储备和人才流动机制

丰厚的人才储备和优秀的人才引进可以为学校的发展提供人力支持。学校主要是一个"人—人"系统,学校的各项工作都要依赖教职员工去实施、去完成。因此,学校人力资源管理的首要目标是通过招聘、培训和考评等活动,寻找合适的工作人员,进行科学的人员配置,激发员工的工作热情,实现人事匹配,从而为学校的发展提供强有力的人力支持。

(二)建立新型的人事运作机制

在市场经济的大背景下,人事管理机制必须进行改革。学校人力资源管理必须探索以聘用制为基础的、能进能出的用人制度,建立客观、公正、全面、透明的评价制度,推行形式多样、自主灵活的分配机制,力求形成进出通畅、有序竞争、严格监管、有效激励、充满活力的人事运作格局,用科学的机制保证学校能够发现人才、留住人才以及用好人才。

(三)实现人力资本的增值

教职工是学校最为宝贵的财富,人力资本是反映学校竞争力的重要指标。

人力资本并不是一个固定不变的常量，随着知识和技能的老化，工作激情的衰退，人力资本也会不断贬值。为此学校管理者要通过管理，能以最少的时间、资金和劳动投入，来达到预期的目的。学校应当为教职工创设学习和提高的机会，给他们不断注入工作的动力，从而使人力资本得到保值乃至增值，使个人和学校均能从中受益。

（四）提高教职工的工作生活质量

学校人力资源管理并不仅仅服务于学校的组织需求，也要服务于生活在学校中的每一名教职员工。学校要将教师作为发展对象，而不是发展的工具。教职员工每天有相当长的段时间在学校里工作与生活，他们能否心情舒畅地开展工作，他们对工作环境的满意度如何，他们是否享受到了工作所带来的乐趣等，都是学校人力资源管理所要关注的问题。

二、高校人力资源管理的原则

（一）科学化原则

传统的学校人事管理是建立在经验基础之上的，各种管理制度与措施的出台主要是凭经验、靠感觉，始终徘徊在较低的管理水平上。学校人力资源管理充分吸收了心理学、组织行为学、系统工程、控制论等科学成果，对教职工的特点、群体的互动关系和团队形成的规律等有了更深刻的认识，管理者应当自觉地遵循科学原理、运用科学方法，提高人力资源管理的科学化水平。

（二）系统性原则

学校人力资源管理要树立整体观念，系统思考，不能孤立地强调某一个体或某一部分人的作用，应努力形成一个协力系统，发挥教师队伍的整体效应。

管理者要注意把握动态平衡，通过必要的流动机制提高师资队伍的素质。在处理人力资源管理的各个环节时，应统筹安排，做好人力资源从吸纳、使用到培训、发展的有序衔接，保持各项政策、措施在价值取向上的一致性。

（三）教育性原则

教育性原则包含两层意思：①教育是学校人力资源管理的一项重要内容。国家教育政策的调整、课程结构的变革和现代教育技术的发展等，都迫使作为教育者的教师本身必须接受教育，使自己的观念、知识和技能得到更新。②教育是学校人力资源管理的一种重要方法。教职工具有较高的文化素养，有着强烈的参与管理和民主议事的愿望，比较注重精神层面的需求。因此，在管理中不能一味地采用行政命令和经济刺激的办法，而要更多地运用引导、说服等教育方法。

（四）人性化原则

这是学校人力资源管理最重要的原则，遵循这一原则就是要做到尊重人的差异、激发人的潜能和实现人的价值。每一名教职工都是一个独特的个体，他们在个性特征、能力倾向等方面各不相同。管理者必须承认、理解、尊重和利用好这一特点，善于发现教职工身上的长处，把握每个人的需要，创造条件挖掘其潜力，帮助教职工找到最合适的工作岗位，使他们的能力得到最大限度的发挥，生命活出光彩。

三、高校人力资源的构成

（一）教学人员

高校人事管理是其内部管理体系的重要组成部分，并对整个管理体系起到基础性作用，因此具有十分重要的意义。

在高校教职工整体队伍中，教学人员具有重要的地位。高校教学人员是办学的主体力量，在教学、科研以及社会服务中起着极其重要的作用。因此，高校在人事管理工作中，要把握教学人员管理作为重点，要通过各种办法和措施，来建设一支符合高校发展需要的高水平的师资队伍。从广义上讲，凡是将知识、技能传授给别人的人均可称为教师。从狭义上讲，教学人员即教师，教师指的是学校和其他教育机构的教师。高校教师的主要职责是教书育人，同时需要积极地参与科学研究，当然以教学为工作中心任务。一般教学人员主要负责传授知识、培养学生技能和开发学生思维等，实现育人的目的。而科研也是高校人员的另一项重任，应针对教学的实际经验进行思维综合性分析和研究，应科研是高校教学可持续发展的基础。

教学人员作为高校人力资源管理的一部分，其重要性可想而知。因此，其管理内容与人事管理的基本内容具有许多共同点。高校教学人员管理内容可分为师资的补充、引进与聘用、职评与聘任、培养与培训、考核与奖惩、工资与津贴、退休与社会保障等基本内容。

（二）管理人员

高校的根本任务是为国家培养大批人才，教学工作是学校的中心工作，但管理工作也是学校各项工作的一个非常重要的组成部分，对学校的各项工作包括教学工作都起到了决策、规划、组织、指挥、控制和协调作用。要提高高校的管理工作水平和教学质量，离不开高素质的管理人员。培养和造就一支政治思想素质好、业务能力强、与时俱进、开拓创新的高校管理队伍是高校主动适应这一战略要求，实现又好又快发展的重要内容。

良好的综合管理能力是成为一名合格的高校管理人员的关键。高校管理不同于其他管理，涉及高校的各个层面的管理，是综合性高、原则性强、有章法、讲研究的系统工程。因此，要求高校管理部门要具备具有信息处理和管理创新能力的优秀管理者。

管理人员的各项能力来源于其敏锐的洞察力和丰富的知识，从而进行收集、归纳和整理信息，周密的思考和敏锐的观察，并且结合实际情况提出有效的解决措施。

（三）后勤人员

后勤人员，很多人也习惯将其称为后勤管理人员。但后勤人员与以上所论述的管理人员之间又存在着一定的差异，不能将后勤人员简单地概括到管理人员中。当然后勤工作与学校的管理工作也在一定程度上存在着交叉现象。在后勤人员的管理中，在新形势下，培养后勤人员的战斗力和提升其素质，社会改革工作的有效进行，有着至关重要的作用。

有人将后勤工作的特点概括为"一多""二杂""三难"。这就不难看出后勤工作在高校的众多工作中也是一个比较复杂的工作。后勤人员在担任这些工作时，也是背负了很大的工作压力的。从后勤人员的职责方面来说，校内要高标准要求自己，影响学生的思想和行为，校外要设计校园对外的经济业务，因此要求水平应更高。在现阶段新形势下，后勤人员所应具备的素质是多方面的，主要包括以下几个方面。

1. 较高的思想政治素质

对于后勤人员来说，政治素质是最关键的素质，也是做好工作的基础。

2. 较高的道德素质

这里的道德素质除了一般的品德外，更重要的一点就是职业道德。要有忠诚于人民的教育事业、本着为党为校为教学服务的热忱精神，高尚的职业道德，要求后勤人员能够依照职业规范履行岗位职责和约束自身行为，同时提高服务质量，并且具有强烈的责任感和事业心，能够端正工作态度，保证为师生提供最优质的服务。后勤人员接触高校里的各种类别的人，有管理者、教师及学生等，后勤人员的道德修养会影响校园人员的生活和工作，特别是学生。后勤管理可以说是一种隐性教育。

3. 良好的心理素质

从综合的角度来看，后勤人员的心理素质始终是重要的组成部分。后勤人员的心态好坏决定着后勤工作能否顺利开展。后勤工作的琐碎性和应急性很强，因此后勤人员只有保持良好的工作心态和持续的工作热情，才能在事情发生时做好准备，保证后勤工作的顺利开展。

4. 一定的文化素质

一般来说，文化素质包括的范围很广。对于后勤人员来说，熟悉高校的后勤流程和高校后勤的革新制度是必须的。只有对本职工作的前后事件熟悉，才能触类旁通地吸取其他方面的信息，这样就能更好地完成后勤工作。

四、高校人力资源管理的内容

（一）工作分析

学校是一个比较大的人力资源分布系统，在这个系统中，仅教育岗位就包括许多种，这些岗位有着不同的任务与职责，对人员有着不同的素质要求。工作分析就是要对学校的各个职务进行描述，明确职责、工作环境和任职资格。

而工作分析所形成的文本——工作说明书,是学校选人用人的主要依据之一。

(二)人力资源规划

教职工的正常退休、非正常离职和生源变化等情况,会影响学校人力资源的数量;教育改革、技术进步等因素,又会影响学校对人力资源的质量要求。可见,学校的人力资源是处在波动状态的。人力资源规划就是要对学校未来一段时间内的人力资源的情况进行科学的预测,帮助管理者做出科学的政策安排,从而保证人力资源供求状况的动态平衡。

(三)人力资源获取

一个组织要想得到生存和发展,必须适时拥有适当数量、种类和质量的人员,这就需要按照学校发展规划,招聘、选拔所需人员。学校管理者通过内部告示报纸广告、网络等渠道发布职位空缺的信息,吸引校内外人员前来应征。校方可以采用面试、实际操作和心理测试等方式对应征者进行甄选,从中挑选出合适的人员。对于选拔出来的人员,学校应及时发放录用通知书,与之签订有关合同,完成录用手续。

(四)学校人力资源使用

要使教职工安心在学校里工作,减少不正常的离职现象,并且提高学校人力资源的使用效率,就必须做好人员的合理安置和积极性的有效激发。人力资源在使用中要做到人岗匹配。因为,每一名教职工都有自身的特点,学校管理者要有一双识人的慧眼,善于发现每个人的长处,将他安排到相应的工作岗位上。让每一个岗位都有合适的人员,让每一位教职工都能获得合适的岗位,这样才能使员工心情愉悦地工作,从而提高工作效率,达到管理的目的。

（五）学校人力资源发展

人力资源发展也就是人力资源开发。为了实现组织目标，发挥人的潜力，提高工作效率，就要加强对人力资源的开发。近年来，教师专业发展已经成为教育界的大热点，而从学校人力资源管理的角度看，就是要抓好教职工的培训和职业生涯管理两大方面的工作。

培训主要是按照组织要求，对教师的知识、技术和道德等方面进行一系列教育和实践活动。为了提高培训的针对性、灵活性，近年来校本培训逐步兴起。学校可以根据自身的特点和教师的实际情况，设计培训方案实施培训活动，使培训更好地服务于教师个人的成长，更好地促进学校教育教学质量的改善。

职业生涯管理关注的是教职工职业生涯的全过程，强调帮助员工制订个人发展计划，使个人的发展与组织的发展相协调，满足个人成长的需要，实现组织的发展目标。在个人职业生涯的不同阶段，学校管理者要针对特定阶段的特点和需求，为教职工安排、调整乃至设计合适的工作，以期能够最大限度地发挥教职工个人的才能，使教职工幸福地度过自己的职业生涯。

（六）学校人力资源评价

评价包含的内容相当广泛，如素质测评、士气调查和绩效评价等。其中，最重要的是绩效评价。

学校管理者应当建立科学的绩效评价系统，采用科学的手段收集、分析和评判教职工的工作态度、行为和工作结果方面的信息，以确定其工作实绩，并将绩效评价结果反馈给教职工本人。通过科学合理的绩效评价，可以帮助教职工认清自己的优缺点，并针对教职工的实际需要制订培训方案和职业生涯发展计划，改进其未来工作行为。同时，绩效评价结果也可以为学校制订报酬方案和奖惩制度以及职称评定、职务升迁提供依据。

（七）学校人力资源调整

调整，包括人员调配系统、晋升系统及各项有关法律和制度的调整等。从调整的方向来看，有人是向上调整，有人会往下调整；有人自里向外调整，有人由外往内调整。对于某些个体而言，调整是残酷的，但对于学校组织而言，调整又是必需的。通过调整，学校能够顺利地完成新老交替，可以实现人力资源的优化配置，有助于激发教职员工的积极性，并保持学校的活力。

应当注意的是，学校人力资源管理职能体系的各个部分是相互联系、相互影响的，从而构成一个有机的整体。系统中任何一部分的变化，都会引起其他部分的反应。例如，教育改革使教师的工作发生了重大变化，这就迫使学校对自身用人政策做出必要的调整。在吸纳新员工时，必须考察其教育理念、课程开发能力和现代化技术手段运用水平等，以便能够找到符合改革要求的师资。对于原有的教师，学校要加大培训力度，帮助他们改变传统的教学观念和行为。认识到职能体系的这种关联性，有助于学校管理者全面、系统地分析和处理人事问题，避免仅仅把目光局限在特定的问题上。

五、高校人力资源管理的意义

从人事管理转向人力资源管理，是一种历史的跨越。人力资源强调将人作为一种资源来使用和开发。人是最重要的因素，在管理中不仅重视组织的存在与发展，更要关心组织中的人，特别是要关心人的需要与情感，而人事管理则仅仅是把人当作成本来使用。把人力资源管理提到战略性高度，人力资源管理职能直接融入组织的战略形成和战略执行过程中。人力资源管理从组织和个人"双赢"的角度，以发展的高度来思考人员管理问题，克服了传统人事管理只重视人的现状，不重视人的开发和发展的弊端。在学校规模、结构不断发展和变化的时代背景下，学校借鉴人力资源管理的原理与方法不仅具有必要性，而且具有紧迫性。

（一）深化事业单位改革的必然要求

随着我国社会主义市场经济体制的建立和完善，学校传统的人事管理制度已无法适应市场经济发展的需要。近年来，国家和省级政府出台了多个文件，提出要打破事业单位用人的终身制，建立起以聘用制为基础的用人制度，建立起能上能下、能进能出、有效激励、严格监督、竞争择优、充满活力的用人机制。科学合理地设置岗位，在选拔中引入竞争机制，建立公开招聘制度。建立形式多样、自主灵活的分配激励机制，创造尊重知识，尊重人才，有利于优秀人才脱颖而出、健康成长的社会环境，实现人才资源的整体开发与合理配置。

（二）促进高校持续健康发展的迫切需要

加强教师队伍建设，必须改革学校人事管理制度。经过长期的努力，从总量上看，教师队伍已基本适应教育事业发展的需求。但就整体素质和质量水平而言，还不能适应实施素质教育及教育现代化的要求。教师的教育观念、知识结构、教学方法、教学能力亟待提高，教师队伍的结构性矛盾比较突出。公开、平等、竞争、择优和合理流动的用人机制尚未建立。这些因素都制约着教育自身的健康发展，限制了教育发展的后劲。

（三）提高高校办学水平的关键所在

学校的办学水平受制于多种因素，如办学经费、教育设施、生源基础、社区环境等，但其中最为关键的因素是师资力量。高绩效的办学水平总是和高质量的师资队伍紧密相连的，正所谓"名校出名师，名师出名校"。尤其是在学校之间竞争日益加剧的时代背景下，要走"以质量求生存、靠特色求发展"的办学兴校之路，必须仰仗一支高素质的教师队伍。

然而，高素质的教师队伍不会自发形成，它需要管理者有敏锐的眼光，善于发现教师身上蕴含的潜力；需要管理者有聪明的头脑，懂得人才的合理结构，使教师队伍得到优化配置；需要管理者有长远的考虑，为教师提供学习与提高的机会，使教师能够可持续地发展；需要管理者有公平的思想意识，客观地评判教师的工作表现和实际业绩；需要管理者有不凡的勇气，构建"人员能进能出，职务能上能下，待遇能高能低"的竞争激励机制。总之，有效地学校人力资源管理能够为教师提供一方成长的沃土，使学校办学水平的提高具有坚实的基础。

（四）有助于形成科学合理的绩效考评机制

绩效考评既是教师管理的重要形式，又是激励教师的重要手段，还是教师职务聘任的基本条件。加强高校人力资源管理，高校就可以建立一套科学严格的针对不同人员的考核体系，以减少管理的随意性，提高抗干扰力，真正使考核公正公平。

（五）有助于建立完善的人才引进机制和人才培养机制

人力资本是积累与增长的结果，需要通过对人力资源进行培训才能形成。高校人才的来源有两种途径：一种是高校自身培养，以便开发和合理利用，这是许多高校在发展初期的主要人才来源；另一种是引进人才，高校在发展过程中也应重视人才引进，尤其是高校发展到一定阶段，更应重视人才引进，以便形成更加良好的人才结构。高校在人力资源管理时都必须注意人才的两种来源，以便使高校永远有优质的人才资源。为此，高校应加强人力资源规划，以便有计划地将人力资源转化成人才资源。

（六）有助于建立全员聘用和有效激励的管理机制

高校人力资源管理的一项重要任务就是通过激励机制，吸引、开发和储备人才，激发高校教师的工作热情、想象力和创造力。通过建立相应的奖惩制度、晋升制度及福利补贴制度等来激发调动高校教师的积极性和主动性，并激发其内在动力。

21世纪的高等教育面临着前所未有的挑战，我们必须意识到高等院校的人力资源管理是学校管理的第一资源，应该把人力资源管理提高到战略地位，这样才会在竞争中立于不败之地。高校人力资源管理是随着管理理论和人力资本理论的出现、发展而兴起的一个新领域，所以高校要从以前传统的注重人事管理向现代的注重人力资源管理转变可能需要一段时间，但是，高校必须重视人力资源管理是大势所趋。我们必须高度重视人力资源管理的重要性。只有这样才能解决目前高校人事管理中存在的问题，激励教职工的积极性和创造性，增强高校的办学活力、提高办学效益，最终达到提升高校竞争力的目的。

六、高校人力资源对于高校的意义

当今世界的竞争，归根到底是人才的竞争。从这个意义上来讲，高校的发展能力与水平是由人力资源水平决定的。近几年来，各个高校都十分注重引进高层次人才，对学历、学习背景的要求越来越高，这也在一定程度上证明了人力资源对于高校的重要意义。

（一）对高校可持续发展能力的意义

高校可持续发展的能力主要体现在三个方面，一是培养出来的学生质量，二是高校的科学研究能力和水平，三是高校的管理能力和水平。要想培养高质量的学生，增强科研能力，提高管理水平，基础就是人力资源。如果没有一支高素质的教师队伍，就不可能培养出高质量的学生；没有一支高素质的科研队伍，就出不了有水平的研究成果；没有一支高素质的管理队伍，就不能保证教学和科研的顺利开展。因此，高校人力资源状况对于高校的可持续发展具有重要意义，决定着学校的发展前景。

（二）对高校整体实力与水平的意义

人力资源影响着高校的可持续发展能力，在一定意义上说是通过影响高校的整体实力与水平来表现的。如果一个高校的整体实力与水平不高，要想实现可持续发展是不现实的。高校的实力与水平的硬件体现在经济实力以及由此改进的办学设施，这与人力资源关系并不密切，软件主要体现在师资队伍、科研能力上。而师资队伍和科研能力，是由人力资源水平来完成的，因此人力资源水平影响着高校的整体实力与水平。

第二章 高校人力资源成本管理

高校人力资源成本管理是一个复杂、有机统一的大系统，涉及面比较广，因此，为了有效地进行高校人力资源成本管理和相应的理论研究，也为了使高校管理者和研究者更加全面、直观地了解人力资源成本管理，必要首先对高校人力资源成本管理做一个基本的建构。本章分为高校人力资源成本概述，高校人力资源成本的预测、预算与控制，高校人力资源成本管理的对策三部分，主要内容包括：人力资源成本的定义、高校人力资源成本的构成；高校人力资源成本的预测、高校人力资源成本的预算、高校人力资源成本的控制；高校人力资源成本管理概述、高校人力资源成本管理策略等。

第一节　高校人力资源成本概述

一、人力资源成本的定义

人力资源成本是指取得人力资源使用权、提高人力资源使用价值、保障人力资源暂时或长期丧失使用价值时的生存权以及为取得、开发和保全人力资源使用价值而付出的总代价。人力资源成本主要包括：①直接和间接的成本。组织为了获得、开发、保护或者重新取得相当现有人力资源所付出的代价，包括组织在人员的招聘、选拔、录用、在职培训以及离职人员顶替培训等一系列过程中所需支付的全部成本；②机会成本。组织为了获得或重置人力资源，有时要放弃或损失掉其他项目上的收益而发生的机会成本。

"高校人力资源成本"的含义是：在经济学意义上是指高校为实现其工作目标和发展目标而在人力资源上付出的代价，在会计学意义上是指高校为实现其工作目标和发展目标而在人力资源上所耗用的资金。

因此，在会计学意义上对高校人力资源成本的核算，包括高校为了实现自己的目标，创造最佳经济和社会效益，而获得、开发、使用、保障必要的人力资源以及人力资源离职所支出的各项费用的总和。因此，在高校人力资源成本管理中其人力资源成本包括"获得人力资源、开发人力资源、管理和维护人力资源而发生的招聘、录用、教育、培训、医疗、保险、工资、福利、使用和管理等方面费用或支出的总和"。高校要在保证人力资源质量的前提下，力求降低人力资源成本为目标，充分重视人力资源的开发和利用，合理配置人力资源，增强激励效能，提高管理水平。

二、高校人力资源成本的构成

根据经济学的理解，人力资源成本也可以按照不同的形式划分为直接成本和间接成本、原始成本和重置成本、实支成本和应付成本等很多种类。高校根据人力资源及其管理本身的特点，人力资源成本可以分为获得成本、开发成本、使用成本、保障成本和离职成本等五大类，按照人力资源从进入高校从事教学、科研和管理服务工作到离开学校的过程，可将高校人力资源成本项目分为：取得成本、开发成本、使用成本、保障成本、离职成本和替代成本六大类。高校经常会因为教师的进修培训、出国考察学术交流、休假等情况出现职位空缺，有的是临时的，有的甚至一年半年都空着，这都需要找一个替代人员。像这种情况，它的标准比较灵活，其管理程序也相当复杂，故专门指出替代成本。这六项成本内容体现了人力资源管理工作的六个环节，目的是便于进行高校人力资源成本管理的开展。

（一）取得成本

高校人力资源的取得成本是指学校为了满足现在和将来的人力资源需求，在招募录用员工的过程中发生的成本，主要包括招募、选拔、录用和安置人员所发生的各种费用。

1. 招聘成本

招聘成本主要是为确定学校所需的人力资源的内外来源，发布学校对人力资源需求的信息，吸引所需的内外人力资源所发生的费用。高校的招聘成本是指在招聘教职工过程中所发生的各项支出，主要有招募广告费、宣传资料费，委托中介机构或其他单位招聘教职工所支付的手续费，因招聘而发生的差旅费、接待费、行政管理费等。

2. 选拔成本

选拔成本是学校对应聘人员进行挑选、评价和考核等活动所发生的成本。一般通过初步面试或处理应聘人的申请材料进行初选费用，对初选合格者进行深入面试、测试和评审的费用，对合格者进行调查和体格的检查等费用。

3. 录用成本

录用成本是学校从应聘人员中选拔出合格者后，将其正式录用为本单位成员的过程中所发生的费用，如录用手续费，可能还有支付给外部被录用人员所在单位的调动补偿费（如被录用人员与原单位签有合同，学校在服务期内将其录用，对方同意调出时可能要为录用人员支付由于违约而必须承担的赔偿金等）及搬迁费等由于录用引起的有关费用，一般是直接成本。

4. 安置成本

安置成本是指学校将所录用人员安排到确定的岗位上时所发生的各种费用。它包括为新职员提供工作所需装备的相关行政管理费用、临时生活费（住房等）、报到交通费、向某些特殊人才支付的一次性补贴等。安置成本的高低也与聘用人员的职务、职称学位的高低、科研能力的强弱、教学水平的高低、重要性的不同及来源的不同（来自内部或外部）而有所不同，一般是间接成本。

（二）开发成本

为加强高校人力资源能力建设，提高工作效率，还需对已获得的人力资源进行各种形式的培养，以使他们达到合乎工作岗位要求的能力和水平。这样的费用支出成为人力资源开发成本。高校人力资源的开发成本是指学校对其所获得的人力资源进行培训，以达到某一个工作岗位预期业绩水平或合乎具体工作岗位要求的业务水平，为此提高教职员工的业务技能水平而发生的费用。它主要包括岗前培训成本、在职培训成本和脱产培训成本。

1. 岗前培训成本

岗前培训成本是学校对新招聘来的教师或员工，在走上新的工作岗位前所进行的思想政治、规章制度、职业道德规范、教育心理学、高等教育学及具体的业务知识，业务技能等方面的教育培训所发生的支出。它包括教育和受教育者的工资、教育管理费、学习资料费、教育设备的折旧费等。

2. 在职培训成本

在职培训成本又称岗位培训成本，是指新教师或员工走上工作岗位后，为了提高工作效率和工作质量所进行培训而发生的费用，比如培训工作中所消耗的材料费和在职人员参加业余学习的图书资料费、学费；学校内部组织的公开教学、集体备课、以老带新等活动中的各种耗费；在职教师为取得更高学位而进行培训发生的费用；组织教师员工到国内外具有一定影响或具有代表性的高校系统的兄弟院校参观学习所发生的各种支出；或者是提供一些科研机会以提高教师的科研能力，由此而带来科研失败所发生的隐性成本等。

3. 脱产培训成本

脱产培训成本是指学校根据教学安排或其他工作的需要，派出教师或职员脱离岗位进行培训所发生的支出。脱产培训可以根据实际情况，主要采取委托其他单位培训、委托有关教育部门进行培训或学校自己组织培训三种形式进行。根据所采取的培训方式，脱产培训成本包括由学校向委托单位支付的培训费、操作设备使用费、专家指导授课费、培训人员和被培训人员的工资、福利费、差旅费、教材资料费、科研实验费、教学设备和专用设备费，以及因脱产教师或员工离岗而追加的开支等费用。

(三) 使用成本

高校人力资源的使用成本是指学校在使用已经取得的人力资源时,按事先双方约定的标准或国家的有关规定,向人力资源拥有者支付的各项费用。它包括维持成本、奖励成本和调剂成本等。

①维持成本。维持成本是为保证人力资源维持其劳动力生产和再生产所需的费用,包括教职员工的工资津贴和各种福利费用。

②奖励成本。奖励成本是学校为激励教职员工更好地发挥主动性、积极性和创造性,而对做出特别贡献的教职员工所支付的奖金,它是对人力资源主体所拥有的能力的超长发挥做出的补偿。

③调剂成本。调剂成本是为了调剂教职员工的工作和生活节奏,满足其精神生活上的需求,使其消除疲劳而发挥更大作用,也是稳定教职员工队伍并进而影响和吸引外部人员进入所发生的费用支出。调剂成本包括节假日旅游费用、教职工定期休假费用、教职工娱乐及文体活动费用、教职工疗养费用、教职工业余社团开支等。

(四) 保障成本

高校人力资源的保障成本是保障人力资源在暂时或长期丧失使用价值时的生存权而必须支付的费用,包括劳动事故保障、健康保障、退休养老保障、失业保障等费用。这种成本既不能提高人力资源的价值,又不能保持其价值,其作用只是保障。

①劳动事故保障成本。劳动事故保障成本是指学校因教职员工因工伤事故按照有关规定而支付的费用,包括工资、医疗费、残废补贴、丧葬费、遗属补贴费等。②健康保障成本。健康保障成本是指学校因教职员工工作以外的

原因（如生育、生病死亡等）引起的健康欠佳，不能坚持工作而给予的经济补偿费用，包括产假工资、缺勤工资、医疗费、丧葬费等。③退休养老保障成本。退休养老保障成本是指保证退休的教职员工老有所养和酬谢其辛勤劳动而给予的退休金和相关费用，包括养老金、养老医疗保险金、死亡丧葬补贴、家属补偿金等费用。④失业保障成本。失业保障成本主要是指学校对教职员工支付的失业救济金。

（五）离职成本

高校人力资源的离职成本，是由于教师离开学校而产生的成本，包括离职补偿成本、离职前的价值牺牲成本、空职成本等。

1. 离职补偿成本

离职补偿成本是指辞退教职员工或教职员工自动辞职时，学校所应补偿的费用，比如，离职时应支付一定期间的工资或离职金和必要的离职人员的安置费等。

2. 离职前的价值牺牲成本

离职前的价值牺牲成本主要是指教职员工在离职之前，已经确定不能适应其工作岗位的需要，或者因为工作失职以及其他原因而引起的价值损失等，这些都属于隐形成本。

3. 空职成本

空职成本是指因教职员工离职后的职位空缺前发生的价值牺牲，比如，因工作岗位空缺产生的不利影响而造成的损失，以及使工作效率和工作质量下降而造成的损失，因离职而必须以较高的开支标准来填补职位空缺所造成的损失等，这也属于隐形成本。

（六）替代成本

替代成本是指目前重置人力资源应该做出的牺牲，包括为取得或开发替代者而发生的成本，也包括由于员工的离开企业而发生的成本。替代成本有个人替代成本和职务替代成本的双重概念：个人替代成本是"用一个能够提供一组同等服务的人来替代目前雇佣的人而现在必须招致的牺牲"，它是用另一个人提供同等的服务来代替某个人的服务的替代成本；职务替代成本则是"用一个能够在既定的职务上提供一组同等服务的人来代替职务上的人员而现在必须招致的牺牲"，它指的是替代既定职务的任何在职者所能提供的一组服务的成本。一般来说，个人替代成本比职务替代成本高，替代成本由取得成本、开发成本、遣散成本构成，其中取得成本、开发成本的内容与企业新聘用人员所发生的取得成本、开发成本相同，遣散成本指因职工离开企业而发生的成本，它包括遣散补偿成本、遣散前业绩差别成本及空职成本。

第二节 高校人力资源成本的预测、预算与控制

一、高校人力资源成本的预测

高校人力资源成本的预测是高校人力资源成本管理中的重要环节，也是人力资源成本预算、控制的基础。做好人力资源成本预测工作，是加强高校人力资源管理、降低人力资源成本、提高经济效益的重要步骤。

（一）对高校人力资源成本中"量"的预测

人力资源成本中量的因素包括两个方面：人力资源需求量和人力资源管理量。人力资源需求量通常是指所需要的人员数量；人力资源管理量是指人力资源管理过程中，实现管理职能活动发生的次数等，诸如招聘、开发、培训、奖励等的发生次数。对人力资源成本量的因素的预测，就是要根据高校人员结构，进行工作分析和岗位设计，分析高校所处的情况和目标做出具体人力资源数量和人力资源管理量的估计。

预测的主要内容包括：预测全部的人力资源种类和数量的需求；分析已有的人力资源的历史信息，预测需要实施的招聘人数和次数、岗前培训的人数和次；预测岗位培训的种类、人数和次数；预测已有人员的调整量（包括岗位的平调、提升、降职与辞退等）；预测将要进行的激励措施（包括薪酬变动奖励惩罚的次数和时间间隔等）。

（二）对高校人力资源成本中"价"的预测

人力资源成本中价的因素：一个层面是指人力资源的单位成本，另一层面是指数量和单价配合出来的人力资源的总成本。因此，该部分的预测包括单

位成本的预测以及人力资源总成本的预测。对人力资源成本的预测，采用定性分析和定量分析相结合的方法进行预测。定量分析方法有许多种，结合教育规律和高校的特性，可以利用"零基分析法"来预测人力资源成本。

所谓"零基分析法"，就是不考虑账户的历史成本的记录，在全面分析人力资源结构、数量的基础上结合人力资源的市场行情，预测未来的人力资源单位变动成本和固定成本。这种预测相当于每期都像组织成立之初一样来预测成本。这种方法最为关键的一点是：人力资源市场是否健全，预测所需的信息是否可以很容易地取得。现在人才市场正在完善，随着人才的进一步市场化，人才的价格将由市场供需决定，这种市场信息也将会因为它的客观性而成为人力资源单位变动成本预测的主要依据。零基分析法对预算期任何一种费用项目的支出都以"零"为起点，不考虑原有的基础，对每一项支出项目重新考虑并按照项目分析成本效益，确定预算期成本支出是否合适。

二、高校人力资源成本的预算

（一）高校人力资源成本预算概述

"人力资源的成本预算与控制"是人力资源成本管理的核心内容，其目标直接反映了人力资源成本管理的目标。在获取同样的人力资源的前提下，减少成本的支出，并间接或从某些方面促进人力资源管理目标的达成，即人力资源达到有效的配置。

人力资源成本的预算最直接的目标是控制人力资源成本，其对人力资源管理具有重要意义，促使人力资源管理计划的编制和执行；提供人力资源管理的业绩评价标准；促进组织内部的人力资源管理的协调与沟通。

1. 成本预算的界定

在进行人力资源成本预算的过程中,需要综合考虑以下因素:①教职工的需求。人力资源成本预算在一定程度上作为人力资源管理的手段,就需要坚持"以人为本"的原则,考虑到人的真实需求,如教师的培训、人员的激励等在成本预算时应加以考虑,能够对员工真实的需求给予积极合理的假设和回应。②学校对人力资源的需求。不同类型、不同层次的高校对人力资源有不同的需求,因此,在进行人力资源成本预算时,要考虑到学校对人才需求的数量和层次,不能一味地追求人才"高消费"而不顾消费的成本。③货币的贴现价值。在做人力资源长期投入的预算时,需要考虑现时投资与未来收益的配比,其时间基础需要一致,即需要考虑货币的时间价值。

2. 成本预算的步骤

①根据长远规划,结合市场调查和本校人力资源现状及预期,提出当年或当期预算目标;②必须确定预算基层单位,其中,高校的各院系可以作为预算基层单位,对预算收支进行控制;③各个预算基层单位根据学校提出的要求,结合本部门的人力资源情况,提出预算支出方案;④学校对各预算基层单位的方案进行审查,根据经费总额和学校人力资源发展规划以及整个学校的长远发展,进行经费的分配,来落实人力资源预算的方案。

通过以上对预算过程和步骤的阐述可以看出,成本的预算提供了人力资源管理业绩的评价标准,同时还可以有效促使人力资源管理的编制和执行,促进组织内部人力资源管理的协调和沟通。

3. 人力资源成本预算存在的问题

人力资源成本预算存在两个问题:一是人力资源的成本支出,能为高校带来的经济利益很难从总体利益中区分开来，也就是说，成本支出预算中所需对应的现金流入难以确定。二是必须从经济利益的角度来衡量人力资源成本效益，也就是用货币来计量人力资源中最具个性化的智力因素，应该说具有很大的难度。

4. 人力资源成本预算应考虑的因素

在进行人力资源成本预算的时候需要综合考虑以下因素。

第一，人的因素。虽然预算是对计划的量化、货币化，但是人力资源的成本预算在某种程度上是作为人力资源管理的手段的。诸如学校的奖励成本支出、培训成本支出等等，在做此预算的时候，需要考虑人的真实需要。也就是说人力资源成本支出的效果中难以量化的因素，在成本预算时应加以考虑，或者给予合理的假设。

第二，高校对人力资源的需求。即考虑对不同层次人力资源需求数量时，要和高校的实际情况相结合，避免因人才的"高消费"而导致成本的升高。

第三，货币的时间价值。在进行人力资源长期投入的预算时，需要考虑现时投资与未来收益的配比，其时间基础必须一致，即需要考虑货币的时间价值。

（二）人力资源成本预算的主要内容

1. 高校人力资源取得成本的核算

（1）招聘成本

招聘成本是为吸引和确定高校所需内外人力资源而发生的费用，主要有招聘广告费、宣传资料费，招聘人员的工资及福利费，委托中介机构或其他单位招聘所支付的手续费，因招聘而发生的差旅费、接待费、行政管理费等。

招聘成本＝直接劳务费＋直接业务费＋间接管理费用＋预付费用

（2）选拔成本

选拔成本是高校为选择合适的人员而发生的费用，主要包括各选拔环节，如在初选、面试、测试、调查、评论、体检等过程中发生的一切与决定是否录用有关的费用。公式如下所示。

面谈成本＝面谈时间 × 选拔者工资率 × 选拔者人数

考试成本＝（平均成本的材料费用＋平均每人的考试和评分时间成本）× 参加考试人数 × 考试次数

体检成本＝人均体检费用 × 体检人数

在某一组织中，选拔成本取决于所录用人员的类型和选拔的方法。被选拔人员所担任的职务越重要，选拔的过程就越长，选拔的成本就越大。另外，用各种复杂的测试技术就比一般的面谈方法选拔成本要高。

（3）录用成本

录用成本是高校为获得已确定聘任人员的合法使用权而发生的费用，包括录取手续费、调动补偿费、搬迁费等，由录用引起的有关费用。但是如果从高校内部录用仅是工作调动，一般不会再发生录用成本。录用成本以实际发生额核算，公式如下所示。

录用成本＝录用手续费＋调动补偿费＋搬迁费＋旅途补助费等

（4）安置成本

安置成本是指高校将被录用的人员安排在确定工作岗位上的各种行政管

理费用，为新人员提供工作所需装备的费用，录用部门安排人员的劳务费、咨询费等。在大批录用人员时，这种成本会较高。公式如下所示。

安置成本＝各种安置行政管理费用＋安置装备费

2. 高校人力资源开发成本的核算

人力资源的开发成本是指为了加强人力资源能力建设，提高教学科研以及管理水平，提高工作效率等，高校对已获得的人力资源进行各种形式的培养提高而支出的费用，如下所示。

（1）培训成本

培训成本是教职工参加校内外各种进修培训班，包括单位所出的手续费、报名费、资料费、差旅费、培训人员的工资福利费用、受训人员工资费用和离岗损失费以及因培训所消耗的材料等物质费用等。公式如下所示。

培训成本＝各种进修班培训中由单位支付的费用（培训手续费＋资料费＋差旅费）＋校内举办的各种未收费的教职工培训活动费用（培训资料费＋培训教师报酬＋受训人员工资费用和离岗损失费＋培训设备折旧费＋培训管理费）

（2）人才支持经费

人才支持经费是高校为了加强人力资源能力建设，为教职工提供的专项教学、科研支持费用，包括对教职工的出版资助费、学术会议资助费和专项人才支持经费等。此外，还包括出国及海外考察费用，是指学校为那些到国外以及其他地区学习考察的人员而支出的相关费用，包括来回机票、车（船）票、住地费用、礼品费等。

3. 高校人力资源使用成本的核算

（1）工资成本

工资成本主要包括工资总额和岗位津贴。

其一，工资总额是基本劳动报酬，包括国家或高校固定付给每位教职工的工资、职务津贴、生活补贴、书报费、洗理费以及法定加班津贴等基本工资和补助工资。公式如下所示。

工资总额＝基本工资＋补助工资

其中，基本工资包括：职务工资、活工资、教护津贴、工资补贴、生活津贴等项目。补助工资包括：取暖补助、交通补贴、外单位人员酬金、保健费、加班费、临时工工资、婴幼儿补贴、防暑降温费、书报费洗礼费、少数民族补贴以及校内有关补贴等。

（2）激励成本

激励成本包括特殊津贴、一般奖金和特殊奖金。

其一，特殊津贴是由各级政府及高校对有突出贡献的人员颁发的津贴。公式如下所示。

特殊津贴＝国务院特殊津贴＋院士津贴＋地方政府特殊津贴＋高校特殊津贴

其二，一般奖金是高校各部门、各单位发放的工资以及岗位津贴之外的普遍性发放的奖金，如月度奖金、季度奖金、年度奖金以及其他节假日发放的奖金（以实物用品形式发放的需要货币化后计量）。

其三，特殊奖金是各级政府及其部门、高校及其各部门和各单位颁发的荣誉性奖金及实物用品（货币化后计量）。公式如下所示。

特殊奖金＝国家颁发的荣誉奖励＋国务院各部门颁发荣誉奖励＋地方政府颁发的荣誉奖励＋高校颁发荣誉奖励

（3）福利成本

福利成本是按照高校教职工工资总额的一定比例提取的，主要包括高校应支付但未包括在工资总额中的非工资性补贴、住房补贴、基金、集体福利设施和集体福利事业补贴等费用。具体如下所示：①非工资性日常补贴费用是未包括在工资总额中的日常性补贴费用，如教职工探亲费、生活困难补助、独生子女补助、丧偶补助及其他补助等费用；②个人住房补贴和住房津贴是高校为教职工建造的宿舍每年所提取的折旧费用以及高校实际支付的职工住房补贴；③住房基金指实行房改后高校为教职工支付的住房基金；④工会活动费用是高校按照工资总额的一定比例拨给工会组织的经费，高校可以根据实际情况，确定当年的工会费用，还包括工会活动场所的折旧费、工会组织自筹的活动费用等，这部分费用按人均摊在每位教职工身上。

4. 高校人力资源离岗成本的核算

（1）空职成本

空职成本是人员离岗后职位空缺的损失费用。由于某职位空缺可能会使某项工作或者任务的完成受到不良影响。这种成本是一种间接成本，主要包括：由于职位空缺而造成的该职位的业绩的减少，以及由此影响其他岗位的工作而引起高校整体效益降低。这种成本与离岗成本相同，是隐形成本。

（2）离岗补偿成本

离岗补偿成本主要是指高校主动辞退教职工或者教职工自动提出辞职时，高校所应补偿的费用，其中包括至离岗时间应付的补偿金、必要离岗人员的安置费等一系列支出。

（3）离岗管理费用

离岗管理费用是指在离职过程中，有关人事管理负责人一般都会和离岗者进行面谈。其面谈成本可用下列公式计算。

面谈成本＝每人面谈所需要的时间×（管理人员平均工资＋离职人员平均工资）×离岗人数

此外，其他与离岗有关的管理活动，如从资料档案和工资单中删除离岗人员的资料，收回离岗人员手中掌握的资料等，也会发生一定的费用。这些费用可以用以下公式计算。

与离岗有关的管理活动费用＝各部门对每位离岗者的管理活动所需要的时间×有关部门职员的平均工资率×离职人数

（4）职前低效成本

职前低效成本是指教职工即将离开高校而造成的工作低效率的损失费用。在人员离岗前，由于办理各种离岗手续或移交本岗位的工作，其工作效率一般都会降低而造成离岗前的低效率损失。这种成本不是支出形式的费用，而是其使用价值降低而造成的收益减少。

5.高校人力资源替代成本的核算

①离退休人员返聘成本。离退休人员返聘成本是学校在职教职工退休后因需要而回聘工作时发给的酬金（离退休费不计在内）。②校内外人员代课成本。

校内外人员代课成本是因本单位师资短缺，而临时聘请校内外人员代课而发生的费用，这一块针对而言就是代课费。③其他临时聘用成本。其他临时聘用成本是因本单位人力资源短缺，而临时聘用的兼职教授、客座教授、访问学者以及教学科研辅助人员，还包括某些临时性活动支付的人员费用。④编外长期合同人员聘用成本。编外长期合同人员聘用成本是指在本单位正式编制之外，聘用一年或一年以上非在编人员的费用。⑤替代管理成本。替代管理成本是指替代管理工作过程中人员费用等。

6. 高校人力资源离职成本的核算

（1）劳动事故保障成本

劳动事故保障成本是高校教职工因工伤事故应给予的经济补偿费用，包括高校承担的工伤人员的工资、医药费残疾补贴、丧葬费、遗属补贴、缺勤损失、最终补贴费。公式如下。

劳动事故保障成本 = $\sum$ 事故人员工资等级 × 事故补贴率

（2）健康保障成本

健康保障成本是高校教职工因工作以外的原因（如疾病、伤害、生育、死亡等）引起的健康欠佳不能坚持工作而需给予的经济补偿费用，包括医疗费、缺勤工资、产假工资以及补贴。公式如下。

健康保障成本 = $\sum$ 病假人员工资等级 × 病假补贴率

（3）失业保障成本

失业保障成本是高校对有工作能力但因客观原因造成暂时失去其工作的教职工所给予的补偿费用，包括一定时期的失业救济金，主要是为了保障人员在重新就业前的基本生活需求。公式如下。

失业保障成本＝∑失业人员工资等级 × 失业救济率

（4）病事假工资费用

病事假工资费用是高校教职工在病假、产假、事假期间发放的工资等。公式如下。

病事假工资＝教职工病假工资费用＋教职工事假工资费用＋教职工产假工资费用

病事假工资费用＝∑（病假人员工资等级 × 病假工资率）＋∑（事假人员工资等级 × 事假工资率）＋∑（产假人员工资等级 × 产假工资率）

以上对高校人力资源成本管理项目的核算，是比较有根据能用货币计量的项目部分。相信随着人力资源成本会计的发展、计量手段的提高，能够计量核算的人力资源成本项目会进一步丰富。

（5）退休养老保障成本

退休养老保障成本是社会高校及个人承担的保证退休人员老有所养和酬谢其辛勤劳动而给予的退休金和其他费用，包括养老金、养老医疗保险金、死亡丧葬补贴、遗嘱补偿金等。公式如下。

退休养老保障成本＝∑退休养老人员工资等级 × 养老补贴率

三、高校人力资源成本的控制

人力资源成本预算的目的是控制和降低成本，而人力资源成本控制却不仅仅是将成本控制在预算的范围内，这是因为：第一，仅仅指出发生的费用没有超过预算的金额并不一定意味着这笔费用使用得当；第二，预算是相对的，没有预见到的客观情况的变化可能导致预算本身的不合理。所以，人力资源成本控制的目标是将成本控制在预算金额内的同时，需要控制成本使用的合理性，以此促使人力资源的合理配置。为达到以上成本控制的目的，高校的人力资源成本控制应从以下两个方面入手。

（一）根据预算建立人力资源成本责任中心

各成本中心根据人力资源成本内容和性质将这一指标划分为可控成本和不可控成本，对其中的可控部分加强控制。

①根据预算建立人力资源成本责任中心，成本责任中心要及时将人力资源变动情况提供给财务审计管理部门，以便准确进行会计和统计。②成本责任中心必须按一定工作时段（如月报、季报期报、年报），将人力资源成本与价值的统计数据和报告上报学校有关职能部门。③成本责任中心应当将学校人力资源会计信息报告和其他资产会计报告进行分类统计（如部门、岗位、职称、职务、年龄段、团队乃至性别等），然后上报学校管理决策层。必要时把人力资源会计和其他资产会计科目细项进行比较，算出费用收支同类或跨类比例，如某项投入或支出占学校总投入或支出的比例等。④成本责任中心根据人力资源成本内容和性质将这一指标划分为可控成本和不可控成本，对其中的可控部分加强控制。

（二）建立人力资源成本控制系统

高等学校通过建立人力资源成本控制系统，使实际成本不超过预定成本限额，从而降低成本，提高经济效益，不断提高人力资源成本管理水平。人力资源成本控制系统，包括组织系统、信息系统、考核制度和奖励制度等内容。

1. 组织系统

成本控制系统必须与教育组织机构相适应，即成本预算是由若干分级的小预算组成的。每个小预算代表一个分部，院系专业或年级等其他单位的财务计划，与此有关的成本控制，如记录实际数据，提出控制报告，也都是分小单位进行的。这就是所谓"责任预算"和"责任会计"，按学校的组织结构合理划分责任中心，明确由其控制的行动范围，是进行成本控制的必要前提。

2. 信息系统

成本控制系统的另一组成部分是信息系统，也就是责任会计系统。责任会计系统是学校会计系统的一部分，负责计量、传送和报告成本控制使用的信息。责任会计系统主要包括编制责任预算、核算预算的执行情况、分析评价和报告业绩三个部分。

通常来说，学校分别编制成本和财务等预算。这种预算主要按院系等单位情况来落实学校的总体计划。为了进行控制，必须分别考查各个执行单位的业绩，这就要求按责任中心来重编预算，按责任中心来落实学校的总体计划。这项工作被称为责任预算，其目的是使各责任中心的管理人员明确其应负的责任和应控制的事项。

在实际工作开始之前，责任预算和其他控制标准要下达给有关人员，他们以此控制自己的活动。对实际发生的成本、占用的资金，以及取得的收入和收益等，要按责任中心来汇集和分类。为此，需要在各明细账设置时考虑责任中心分类的需要，并与预算的口径一致。在进行核算时，为了减少责任的转嫁，分配共同费用时，应按责任归属选择合理的分配方法。各单位之间相互提供劳务或物资，要拟定适当的内部转移价格，以利于单独考核各自的业绩报告预算的执行情况。

在预算期末要编制业绩报告，比较预算和实际的差异，分析差异的产生原因和责任归属。此外，要实行例外报告制度，对预算中未规定的事项和超过预算限额的事项，要及时向适当的管理级别报告，以便及时做出决策。

3. 考核制度

考核制度是控制系统发挥作用的重要因素，考核制度的主要内容如下：

①规定代表责任中心目标的一般尺度。它因责任中心的类别而异，可能是可控成本（包括人员经费、公用经费、业务经费）、投资收益率、设备利用率等。

②规定责任中心目标尺度的唯一解释方法。例如什么是生均经费支出、生均设备费等作为考核标准，对它们必须事先规定正式的、统一的解释。

③规定业绩考核标准的计算方法。例如，成本如何分摊、相互提供服务和产品使用的内部转移价格，使用历史成本还是重置成本计量等，都应做出明确规定。

④规定采用的预算标准。例如，使用固定预算还是弹性预算，是宽松的预算还是严格的预算，编制预算时使用的各种常数是多少等。

⑤规定业绩报告的内容、时间和详细程度等。

4. 奖励制度

奖励制度是维持控制系统长期有效运行的重要因素。人的工作努力程度受业绩评价和奖励办法的影响。工作人员往往把注意力集中到与业绩评价有关的工作上面，尤其是业绩中能够影响奖励的部分。因此，奖励可以激励人们努力工作。

奖励有货币奖励和非货币奖励两种形式，如提升、加薪、表扬、奖金等。

惩罚也会影响工作努力程度，惩罚是一种负奖励。

规定明确的奖励办法，让被考核单位明确业绩与奖励之间的关系，知道什么样的业绩规格会得到什么样的奖励。恰当的奖励制度将引导人们去约束自己的行为，尽可能争取好的成绩。奖励制度是调动人们努力工作以求实现高等学校总目标的有力手段。

（三）反馈和分析做出评价和追究责任

进行预算执行情况的分析和反馈，并以此做出评价和追究责任。在这一阶段应把握住预算加以分析，不仅仅关注超支差异，同时关注节约差异。对超支差异的分析，着重于不合理超支原因的剖析，并提出改进途径；对节约的分析目的在于确定有无牺牲工作质量换取节约成本的情况。

在人力资源成本管理中，信息的沟通是否畅通，对于成本的控制起到很重要的作用。在这一阶段应及时地对预算的执行情况进行反馈和分析，不仅仅关注超支差异，也关注节约差异。对超支差异的分析，着重于不合理超支原因的剖析，并提出改进途径；对节约的分析目的在于确定有无牺牲工作质量换取节约成本的情况。因此，高校人力资源成本控制的核心是，人力资源配置及成本的花费是否合理、工作质量和效率是否在成本节约的情况下有所下降等。然而，在实际的人力资源成本控制的过程中却存在着一些困难，必须加以注意：一是准确指出成本中的可控部分比较困难。因为影响成本的因素往往有很多，有的是可控的，有的是不可控的，而且可控的因素的时间长短、范围等也很难确定；一是成本控制中的信息不对称会造成一些失误，尤其是当预算作为业绩评价和奖惩的标准时，就谈不上成本控制的真实效果了。

第三节 高校人力资源成本管理的对策

一、高等学校人力资源成本管理实施原则

人力资源成本管理的目的是，通过成本管理的各种手段，不断降低不合理的成本消耗，提高成本投入的社会效益和经济效益。人力资源成本管理的任务，就是在一定的客观条件下，分析寻找降低成本的各种因素，制定可能实现的最低目标成本，并以此为依据，进行有效的控制和管理，使实际执行结果达到最低目标成本的要求。进行人力资源成本管理，必须遵循以下基本原则：

1. 以人为本原则

高等学校人力资源成本管理，必须坚持以人为本的原则。提高办学效益的关键在人，人的意识、人的观念、人的责任心、人的素质、各级干部的管理水平等，都是构成高等学校成本管理的重要组成部分。成本规划要靠人去做，成本控制要有人去操作，成本投入的效益要靠人去发挥，成本管理要靠人去管理，管理的主要对象也是人。

2. 效益优先原则

成本的投入应向高回报率的项目倾斜。成本配置不能不考虑历史参数，但更重要的是，要看它现在是否仍然具有投资价值，是否有良好的投资效益。比如，有的学科专业，过去有过好的基础和市场需求，但是，随着经济结构的调整，出现了生源严重不足，毕业生也出现就业困难的趋势，这样我们就必须根据成本投入的效益优先原则忍痛割爱，注意及时调整成本的投资结构，

提高重点学科人力资源成本的投入，使有限的经费去培养市场对路的高质量的人才。忽视市场需求，盲目追求所谓质量的做法，在市场经济体制下是不可取的。

3. 发展优先原则

由于高等学校的经费不够充裕，不少学校维持生存的观念往往占上风。学校要走出困境，发展是硬道理。对一个学校来说，维持和发展都很重要，维持是生存之必需，发展则是维持的基础，两者缺一不可。但面对有限的教育资源，首要的是突出发展，以发展求生存是一种主动的生存方式。学校的教育质量、学科建设是学校发展的关键，

是学校生存和发展的希望所在，应该优先考虑加大对这些关系学校发展前途的重要方面的投入，只有学校发展了，生存问题才能解决。

4. 最大效益原则

高等学校人力资源成本管理的目的就是要不断降低教育成本，培养出更多满足社会需要的人才，力求以最少的投入获得最大的经济效益和社会效益，使单位成本获得最大效益。因此，在成本计划时，不能盲目投入，在操作上应使成本投入向综合效益高的项目倾斜，并且以最少的人力、物力、财力，完成较多的管理工作，不断提高工作效率，在减少管理人员和管理费用的情况下，出色地完成成本管理的任务。

5. 全面管理原则

全面管理原则是指全校、全员、全过程的管理。全校管理指成本管理的全面性，即从校级到各院、系、各部门，以及后勤服务的各个环节都要实行成本管理，计算成本的收支。全员管理指成本管理的群众性，即从校长到每一

个教职工，都要参与成本管理，注意每个环节的消耗。全过程管理指成本管理的完整性，即从招生、专业和课程设置、师资培训、学生毕业，以及科研项目的确定等，都要进行成本管理，讲求经济效果，通过预测、计划、控制、核算、分析、考核等方法进行所费与所得的比较。

二、高校人力资源成本管理策略

（一）高校人力资源规划成本策略

1. 战略性人力资源规划

高校需要实行战略性人力资源规划，根据学校的整体和长远发展目标制订人力资源规划，从第一步就做好人力资源管理，为后面的成本管理铺平道路。"战略"一词是在组织中经常用到的术语，指的是发展总目标和以最有效的方式使用组织资源来达到这些目标的内涵。"规划"意味着对未来事件的提前准备过程，为未来行为做出一系列决定，以达到特殊目的。

战略性人力资源规划是指为高校未来行为做准备的过程，其中与使用人力资源有关的决定必须表明能达到高校的战略目标。战略性人力资源规划的目的是为确保最有效地使用人力资源，以此来推动高校执行任务和达到战略目标。

根据高校内部和外部环境的变化对高校人力资源进行战略性规划，是高校人力资源管理的基础，可以制定高校人力资源合理的数量和层次结构，否则高校人力资源成本不仅会增大，还不利于高校战略目标的实现。因此，合理的人力资源规划有助于降低人力资源成本，有效地配置和使用人力资源。

2. 战略性人力资源规划的任务

首先，高校人力资源规划要研究国家、地方经济发展的现状与计划，高校所在地区未来人口变动的状况，本地区未来高校发展布局调整及高校自身规模变更的状况，进而推定未来高校人力资源需求的情况。

其次，分析高校现有人力资源的素质、年龄结构与性别结构、学历结构与职称结构、流动趋向与缺勤率、工作士气与情绪的消长走势等状况，决定所需各种学历、类别、专业和职称等级的人才。

再次，调查分析未来高等院校各专业各层次毕业生素质数量和质量状况以及人才市场的供需状况，确定高校可以从高校毕业生、社会人才供给中获得人才。如果发现上述渠道不可能满足某种学历类型、专业和职称等级的人才，还要自己制订培训计划，以培养高校所急需之人才。

最后，寻求高校人力资源规划体系中的各项具体计划的平衡并使其与高校发展规划和教育教学、科研、管理工作计划相协调。

3. 战略性人力资源规划实施策略

（1）人力资源编制管理策略

高校人力资源编制，要具有非常严格的编制概念和人员成本核算：第一，提高专任教师编制在教职工中所占的比例；第二，增加临时教师编制，适当聘任兼职教师。

要依据各种具体情况划分临时编制和固定编制，确定固定编制的主要作用在于建立一支相对稳定的骨干教师队伍，而对一般教师，尤其是新补充的教师，可以列入临时编制管理，将其人事关系寄存在人才市场，打破铁饭碗，激活教师队伍的活力，形成一种竞争、淘汰机制，实行临时编制有利于优化教育资源，充分挖掘社会上的师资力量。

（2）人力资源结构和配置优化策略

对高校人力资源结构和配置的优化,是指在高校现有的人力资源结构和配置状况的基础上,高校人力资源可能的配置和使用方式之间做出选择,以最大限度满足学校发展的需要,并发挥最大效益:第一,人力资源结构优化策略。高校人力资源的队伍结构一般包括年龄结构、学历结构、职称结构、学缘结构、专业结构等。调整高校人力资源的专业、职务、年龄、学历、学缘、学科来源等因素,人员之间的学历层次知识结构性格气质等要有互补性,实现多因素最佳结合。在保证高校学术水平和教学质量的基础上,更有利于高校节约人力资源成本。第二,人力资源配置的优化。高校人力资源的配置优化,要以学科建设为龙头,高校管理者定要以战略眼光和整体的视角,统筹学科群建设,并在学科群建设中统筹人力资源规划,在原有师资队伍基础上,学校要制定相应的管理制度,鼓励教师在编制、隶属关系不变的情况下,参加跨学科、跨系所的聘任与合作将原属不同单位、不同学科的专家紧密联结起来从而加强实验室、研究所或者研究中心在学科建设中的作用,在整个学校形成一个纵横交织、有虚有实、灵活开放的学科体系,促进人力资源发挥最大的效益。

4.影响人力资源战略规划的主要因素

(1)政策因素

研究我国高等教育发展的历史,可以发现高等教育的发展受国家政策影响的因素最为直接,很多高校由于高等教育扩招的原因,生师比偏高,每年都需要补充一定数量的教师。

(2)人口的因素

适龄的入学青年数量对高等教育的发展及师资的预测具有十分重要的意义,这可以用"常数法则"来解释,常数法则又称存在法则,是指某一时期需要接受专门教育的适龄青年是一个客观存在的事实，其数量是不以外界条件而变化的常数。因此，在高校生师比不变的条件下和其他因素忽略的情况下，适龄青年越多，需要入学的人就越多，对教师的需求量可能就越大。

（3）经济发展的因素

高等教育的发展与经济之间有密切的关系，经济的发展要求有更多的人才，尤其是随着经济结构的调整和升级，对高等专门人才的需求会进一步增大，高校发展的规模和速度应该紧随经济的发展，这样，高校的人力资源规划才不至于盲目，不至于发生教师空缺，教师冗余或教师不够，师资不足的现象。

（4）高校规模和班级规模

高校规模的大小对教师需求有一定的影响。如果高校规模很小，资源的不可分性会造成其利用率的降低，生师比必然较低，从而增加了对教师的需求量，造成了人力资源的浪费，增加了人力资源成本。相反，高校规模越大，就可能充分地利用人力资源和其他资源，从而减少对教师的需求量。但是如果过大，则需要增加新设施和新人员，反而增加了人力资源的成本，降低了教育质量。

另外，就班级的规模来说，班级规模越大，需要的教师人数也就越少，其人力资源成本相对较少。但是如果班级规模过大，就很难保证教学质量。班级应当是多少学生才比较合适，很难确定。因为对班级规模的成本收益分析中，很难确定缩小班级规模会对学生学业成绩提高产生多大的影响；同时缩小班级规模对教学方法、教材、教师素质甚至教室环境安排都提出了新的要求。因此，还需要进一步的相关研究。

总之，所谓合理就是高校规模和班级规模要保持适当的数额不能过于庞大，也就是说既要从经济效益出发考虑班级规模和高校规模，更要从教育学的角度来确定班级规模和高校规模。从国际教育发展的趋势和中国人口出生率持续下降的情况来看,从长远发展而言,高校规模、班级规模都不宜过大,这将是教育发展的趋势。

(5)专业设置数量

这一因素对高校教师的需求影响较大。由于高校教师的专业化程度较强,每个教师难以承担多个专业的教学,所以专业设置越多,对教师的需求量也就越大,需要投入的人力资源成本也就越大。同时,专业增加之后会导致专业管理的技术要求提高给教学管理带来难度。如果为了保持成本不变,就会降低教学管理的精度,放宽教师的从教条件,导致教学质量下降。

(6)教师工作量

无疑,增加教师的授课时间有可能减少对教师的需求量,减少教师的授课时间,则有可能增加对教师的需求量。然而,工作量的增加是有限度的,增加过多,不仅不利于教育质量的提高,而且会遭到教师的反对;减少太多,又会造成人力资源的浪费。从总的趋势来看,随着社会的进步和发展以及人们生活水平的提高,教师授课的时间会将逐渐减少。

(二)高校人力资源薪酬成本策略

薪酬无论是在高校的人力资源管理,还是在成本的管理中都具有非常重要的地位,在提高成本收益比的情况下,设计合理的薪酬制度对高校的人力资源成本管理具有重大意义。合理的高校人力资源薪酬应该是适度的薪酬成本支出。

1.以投资额确定薪酬成本

高校人力资源投资包括两大部分:一是物力投资;二是人力投资高校人力

资源劳动的物力投资是指在从事高校工作过程中,个人所投入的直接成本和机会成本。

(1) 物力投资

物力投资具体包括三个方面的内容:①高校人力资源在受教育和参加在职培训期间,个人或家庭所支付的学杂费、书籍文具费、生活费、交通费等;②在从事工作过程中,为补充更新知识,提高教育教学、科研、管理能力而支付的各种费用,如购买报刊书籍,从事调查研究等的费用;③选择此职业而可能放弃的收入,即无形支出。

(2) 人力投资

高校人力资源的人力投资是指高校人力资源在准备和从事此职业而消耗的体力和智力之总和。这包括两个方面:①指高校人力资源在进行系统的教育学习过程中所消耗的体力和智力。②指高校人力资源在工作过程中所消耗的体力和智力。例如,高校教师劳动的人力投资,即消耗的体力和智力量,可用社会平均劳动时间来表示。由于教师劳动时间具有特殊性,它包括教育工作时间(备课、上课等)和教育辅助时间(如业余进修、教研活动),因此,教师劳动的体力和智力消耗量是巨大的。

2. 以劳动特点确定薪酬成本

教师劳动的复杂性表现在两个方面如下所示:一是教师劳动消耗主要是脑力和智力的消耗,其过程是一个复杂的劳动过程;二是提供教育服务的教师劳动,其生产者教师提供教育服务的过程与消费者学生享用教育服务的过程几乎是同步进行的,彼此结成的是双向选择的关系。在这种关系中,作为消费者的学生则对教师提供的教育服务有接受和取舍挑剔的权利。教师劳动的创造性也表现在两个方面：一是以脑力和智力为特征的教师劳动，要求教师具有相当高的主体意识、创新精神和独立分析问题解决问题的能力；二是教师劳动的服务对象是学生，而学生是有意识、有情感的人，具有不成熟性、可塑性、个别差异性和主观能动性，教师必须考虑每个学生的不同特性，因材施教，才能保证全体学生的劳动能力增值。因此，应该根据高校教师劳动的复杂性和创造性，确定合理的教师薪酬成本。

3. 以贡献率的大小确定薪酬成本

高校考虑教师的贡献率大小必须关注教师劳动的数量和质量，数量上包括教师的教学工作量和科研工作量等；质量上主要是指教师培养的学生能力增值的大小，发表的论文、论著等科研成果的质量，以及培养的学生的劳动能力和教师的科研成果给社会带来多大的效益。

首先，需要计算教师的工作量。高校教师（指教学人员）工作量是教师直接或间接从事与教育相关工作的数量与质量的总构成，包括教学工作量（含教学法研究工作量）和非教学工作量（含科研、实验室建设、政治学习等工作）。

其次，考虑到教育的特殊性和教师工作的个体性、各教学岗位的差异性、教学评价的模糊性，必须使用多样化评价技术和评价方法，克服单纯偏向定性或盲目迷信量化两种错误倾向，在教学的若干模糊区域，可以大量采用定性分析。

除按工作量或课时量进行定量分析以及定性分析外，还要确定教师的劳动效率。所谓教师劳动效率是指在工作量适当的情况下，教师花费一定的劳动时间取得的教育成果。

4. 实施新的高校人力资源薪酬制度

（1）工资总额包干制度

工资总额包干的基本内容是核定包干单位的任务总量,然后按人均工作量核定人员编制总数和人员结构比例,按人均工资额核定编制总额对应的工资总额。在此基础上,将"任务"和"工资"配套下放到包干单位。从高校的实际情况看,实行工资总额包干,在此基础上扩大院、系工资分配自主权,使工资分配更好地同教师的劳动实际挂钩,从而促进教育事业的发展。

(2)岗位工资制度

岗位工资制度指的是在充分核定工作量的前提下,根据工作的性质和特点及满工作量的要求进行合理设岗,按照岗位的特点聘用相应的工作人员并确定其相应的工资,其核心内容是以岗定薪、以岗定人。

①实施岗位工资制度的意义。实施岗位工资制度具有以下几个方面的意义:第一,实行岗位工资制度可以降低管理成本、提高资金的使用效益;第二,实行岗位工资制度,有利于提高高校的人才竞争能力;第三,实行岗位工资制度对加强管理、实行真正意义上的聘任制有着重要的意义。

②岗位工资制度基本原则。岗位工资制度要从四个方面的基本原则来确定:科学设岗。科学设岗是实行岗位工资制度的前提和基础。据此设岗,既可以明确每一位工作人员的工作任务,又可以避免因人设岗,还可以真正体现按劳分配原则;以岗定薪,即按岗位情况自主确定各类人员工资构成和工资标准。高校应根据劳动力市场的供求关系确定工资水平,根据每一岗位职责、工作性质与工作量的大小确定工资标准,根据教职工履行职责的情况和完成劳动的质量数量进行工资分配。按岗聘任。按岗聘任是指高校根据岗位需要聘用最佳人选,教职工则根据个人特长和意愿选择适合自己的岗位,通过聘用合同的形式确定双方的权利和义务关系。用人单位根据岗位的需要采取竞争上岗的形式选择最佳的人员到相应的岗位上。在实施岗位聘用时应坚

持"公平竞争、双向选择、择优上岗"的基本原则，在严格岗位职责的前提下，做到按岗聘任、人事相宜、事职相符。岗变薪变。当一名教职工的工作岗位发生变化时，其工资也必须随之变化。这是保证"能者多劳，多劳多得，优劳优酬"的关键。教职工劳动报酬的期望值随着岗位而不是身份的变化而变化。

（三）高校人力资源招聘成本策略

人力资源招聘和选拔是指选择潜在的任职者，为组织的职务空缺找到一批有资格的申请人。随着各种竞争接踵而来，高校采用何种招聘策略、节约招聘成本是非常重要的。

1. 招聘模式

招聘职位的性质决定招聘渠道的选择，而不同的招聘渠道其成本构成各异。职位性质、招聘渠道、成本结构是决定单位招聘成本的三大模块，每个模块是若干变量元素的集合，这些变量因素排列构成下列坐标矩阵。高校可以根据以上的人力资源指标，结合以往的记录和经验数据，制定合适的招聘策略，达到节约成本的目的。

2. 招聘岗位分析

现在，高校可以采取"因岗聘人"的方法，就是根据职位的特点配置相应的人。"因岗聘人"首要的一套就是做好工作分析，优质的工作分析是高校人力资源管理活动的基石。可以使相应的岗位有合适的人力资源相匹配，"人尽其才"，最大限度地降低人力资源成本的闲置和浪费。

3. 招聘对象策略

高校对人力资源的需求是多种多样的，主要表现在职务类别的不同、职位级别的不同、填补空缺的紧迫性不同等等。单位招聘成本不能在不同对象之间比较，例如，高级教授的单位招聘成本不可能同普通教师同一水平；即使级别相同，因招聘的工作类型不同，则人力资源供求状况不同，其成本自然不等。高校可以结合自身需要，对不同的对象付出相应的招聘成本，在形成高校人力资源优化的基础上降低成本。

4. 招聘方法策略

（1）多渠道招聘

目前，招聘的渠道主要包括招聘会、报刊广告、猎头公司、人才机构、校园招聘、员工推荐和网络招聘等。而候选人资格要求的不同、招聘时限的不同，所采用的招聘渠道也不同。

①通过人才招聘会招聘。好处是能够面对面的交流，但是招聘效率比较低，有工作经验的优秀人才较少参加，招聘成本比较高，重复投入大，适合高校招聘一般人才及应届毕业生。

②通过报纸发布招聘广告。其优点是信息来源丰富广泛，缺点是应聘者过多，而且很多不适合该职位。故而，浪费招聘人员很多精力和时间来拆阅信件，而且发布广告价格较为昂贵，招聘周期长。此方法适合高校招聘中高层及专业人才通过大学生就业市场来招聘。

③目前，比较经济的做法是网上招聘。这种以网站为发布信息的平台，以网络人力资源管理系统包括招聘管理为核心，充分利用网络的技术优势，实现电子化、网络化管理的方案，是今后很长一段时间内关于招聘问题的最佳解决方案。专业招聘网站的出现，无论对应聘者还是招聘单位来说，都是极为方便、快捷的途径。

（2）招聘"外包"

现在，一些企业在招聘工作上做了一些改变，开始尝试一种新的办法，把一系列的招聘工作"外包"给专门从事招聘工作的专业机构，由第三方来代理进行、完成企业的招聘活动。高校也可以借鉴企业的做法，把招聘工作"外包"给其他单位。优点是：一方面，招聘具有专业性和广泛性，可以为高校招聘到优秀人才；另一方面，高校不要花时间、人力和物力在招聘上，节约了许多隐性成本和机会成本。但是，缺点是招聘机构不了解高校对人才的具体要求，也许出现招聘到的人才和岗位不符的状况。

（3）招聘与临时雇佣

高校在保持教学质量的同时，可适当考虑聘用兼职教师，对于高校内其他非重要岗位的职工，也可以采取临时雇佣的方法。

（4）内部招聘和外部招聘

从最大化人力资源的视角来看，招聘并不总是"外视的"，招聘首先应该是"内视的"，学校应该首先进行内部招聘可能性的分析与调查。运用内部招聘有以下一些优点：①该过程可以使学校管理者对人力资源进行一个时期的仔细观察，并对其工作潜力和工作表现做出评价。而如果是外部招聘的话，不了解应聘者的工作能力，并且需要一段时间的试用期，并要对其进行培训。因此，外部招聘投入的成本（包括隐性成本）会更高。②如果教职工看到组织内部某人由于工作能力的提高而得到报偿，他们的士气和工作效绩就会提高。③如果给予教职工工作上的晋升机会，就可以激发教职工的工作热情，并使他们出于组织和自己的长远利益考虑而不轻易辞职。

(四)高校人力资源开发成本策略

1. 培训成本分担策略

高校愿意在培训上投入,因为他们相信会获得更高的收益,因为培训常常可以提高教师的能力,给他们以动力。但是,我们也许会发现,在对教师进行了培训后,被培训的教师流失倾向越来越严重了,特别是一些培训后的骨干。如果考虑到在职培训,并假定该培训实施于劳动者就业初期,那么劳动者培训期间的工资可能存在如下两种情况:一是培训者工资等于其边际产品而高于其培训前工资;二是培训者工资低于其边际产品而等于其培训前工资。对于第一种情况而言,若不带有任何附加条件,高校肯定是不愿接受的。就第二种情况而言,由于培训者工资低于其边际产品而等于其培训前工资,这对高校虽然有利,但对受训者来说,由于受训后知识和能力的提高,为他要求高工资提供了可能。因此,受训者不会安于本校,一有机会他仍可能离职而去,因为在别的高校或企业他很可能获得更高的工资。这就说明,如果高校支付受训者的工资在培训前后无变化,在无任何其他约束条件下,培训者可能发生流动,这对提供培训的高校是很大的损失。

因此,如何支付受训者培训费用,以及如何使受训者安于本校工作,也就成了高校关注的焦点。最优的成本与收益安排是教职工和高校共同承担培训成本,并分享培训的收益,这一安排直接减少了因离职或解雇给双方带来的风险。

2. 培训成本回收策略

首先,在培训开始之前,从高校人力资源薪酬中扣除培训费用。培训前收回投资可以最大化降低高校的培训投资风险,并且迫使高校人员主动参加培训。这种政策同时保持了骨干人力资源(薪酬水平高)和稳定的人力资源(在职时间长）在培训方面的优先权。另外，高校还可以将年终奖励的一部分划为培训费用，在第二年培训时使用。这样做可以保证高校中业绩突出的人优先得到培训。

其次，高校采用的试用期制度，可理解为一项高校在培训时收回投资的政策。最常见的形式是，高校与教职工签订培训协议，在协议上明确规定，受训者只有在高校工作满几年后，才能离开，否则必须按比例补偿高校的部分培训费用。通过以上方法，可以规避高校在培训上的风险，最大限度节约开发培训成本。

3. 建立新的开发机制

（1）建立高校人力资源开发机制

这是指合理地配置各类人力资源，实现人尽其才。具体内容如下：①潜能开发。根据每一所高校自身的特点和优势，以及市场对专业人才的需求，设置一定的专业与培养方案，以此进行人力资源的优化配置。②品牌开发。有意识、有目的地重点培养有才能、有潜力的教研人员，形成一些名师品牌优势，以提高学校的学术声望，在社会上树立良好的学科形象。③特长开发。掌握各类人员的特长，依据他们自己的特长和爱好，把他们培养成创造型、传授型、应用型等不同类型的专家，适应高校发展需要。

（2）建立人力资源开发的市场机制

更新观念，建立以市场为导向的高校人力资源开发管理体系，构建"开发式动态优化型"开发管理模式。即充分借助市场竞争机制，面向社会，建立与社会主义市场经济体制相适应的用人机制。紧紧围绕着市场，盘活高校的内部运营机制，面向社会广招人才。

（3）建立高校人力资源存量优化机制

这主要通过竞争、激励方式来进行的。建立人力资源竞争机制。要得到高素质的人力资源，必须借助于竞争机制。高校人力资源开发与管理中的竞争机制要遵循三个原则：①公开竞争原则。机会公开、条件公开、考绩公开，目的是扩大发现人才的视野，拓宽选用人才的范围，增强人才竞争的力度。②公平竞争原则。不论年龄大小，只论成绩，彻底打破论资排辈。③公正竞争原则。只要是人才，不论性别、学历都应予以录用，形成兼容并包、不拘一格的用人思路。此外，还应建立人力资源激励机制。

（4）建立高校人力资源增量提高机制

这主要通过培养、吸引和保持机制等方式：①建立高校人力资源培养机制是高校人力资源，尤其是高层次人力资源培养的基础性措施；②建立高校人力资源吸引机制。即通过吸引外来人员来提高人力资源的增量；③建立高校人力资源保持机制。其实质是通过一定方式使培养和吸引的人员稳定下来，并能很快融入办学治校的过程中，为高校的发展贡献力量。

（5）建立人力资源开发的制度保障机制

加快干部制度改革步伐、扩大民主、完善考核、推进交流加强监督，使优秀人才脱颖而出，尤其要在职工能上能下方面取得明显进展。为此，必须建立与人力资源开发相配套的多种保障制度，如人才选拔制度知识产权制度、人才流动制度等等，并且采取有力措施，落实这些制度，从而使人力资源得到良性开发。

第三章 基于薪酬、绩效与激励的高校教师人力资源管理

高校是培养国家人才的主要基地，担负着国家发展兴旺的重要职责，高校教师的存在亦是如此。高校教师在人力资源管理的确立、塑造与发展等方面有着十分重要的地位。本章将从教师人力资源的概念与特征、高校教师的薪酬与绩效管理和教师人力资源的绩效管理与激励三个方面进行阐述。其主要包括教师人力资源方面的内容、高校教师在薪酬和绩效方面的相关管理、绩效管理和激励机制等内容。

第一节　教师人力资源的概念与特征

一、高校教师人力资源的概念

结合人力资源的基本概念，我们可以对高校教师人力资源做如下定义：高校教师人力资源是指高校内具有从事教学科研创新能力的人力资源的总和，它蕴含于教师的知识、技能、态度、经验以及创新思想中。它是高校人力资源中最关键、最重要的组成部分，是高校内最能创造价值的人力资源；它对提高高校教学质量、提升科研水平，推动高校的发展起着至关重要的作用；对国家社会经济的发展起着战略性、基础性的作用。

二、高校教师人力资源的特征

（一）高校教师人力资源的一般特征

1.两重性

人力资源既是投资的结果，又能创造财富；或者说，它既是生产者，又是消费者，具有角色的两重性。人力资源的投资来源于个人和社会两个方面，包括教育培训、卫生健康等。人力资源质量的高低，完全取决于投资的程度。人力资源投资是一种消费行为，并且这种消费行为是必需的、先于人力资本的收益。研究证明，人力资源的投资具有高增值性，无论从社会还是个人角度看，都远远大于对其他资源投资所产生的收益。这点对高校而言，显得特别有意义，通过组织与加强对教师的培养与培训，有利于不断提高教师的素质，从而提高整个教师队伍的水平；而且学校的培养与培训相对于从外校或其他单位高薪挖取人才的成本要低得多，此外，还能增强教师对学校的认同感和归属感，这对于稳定教师人才队伍具有积极意义。

2. 稀缺性

教师是高校人力资源的核心。他们都是经过严格的学术训练与考核，拥有广博的基础知识、较精的专业知识以及良好的科学素养，才胜任了大学教师这一职位的群体。这能充分代表高校教师与社会的其他人力资源相比有更高的价值与竞争力。而且社会各界对其需求性也较大。因此，高校教师人力资源稀缺性十分明显。

3. 管理手段的多样性

高校教师文化层次高，在追求物质需要时，也十分注重个性发展和精神需求。对高校教师人力资源的管理和开发，不仅要充分利用制度规范和绩效激励等手段，更要重视校园文化建设，即人文关怀和工作环境改善等，以真情感人、用诚信留人，在管理手段上更显多样性。

4. 工作时间的灵活性

由于教学和科研在时间安排上具有灵活性，高校教师人力资源管理不需要实行类似机关、企业的固定时间工作制。随着通信技术和计算机技术的发展，教学、科研在时间、地点安排上更加灵活。只要教师保质保量完成教学、科研任务，在工作时间上可自己安排，实行自我管理。

（二）高校教师人力资源的独特性

作为一个特殊的群体，它除了具有上述的人力资源一般特征之外，还具有其他人力资源所不具备的独特性，主要表现在以下几个方面：

1. 职业性特点

高校教育是与普通高等教育并立运行并与之相区别的一类高等教育，它直接面向生产、面向市场、面向生产第一线，直接服务产品开发、应用技术研发，直接产生经济效益。它为各行各业培养、培训高素质、高技能人才，为各行各业的可持续发展直接提供技能型人力资源支撑。高校的教师人力资源必须符合职业性要求，它要求高职院校教师应坚持在产学研活动中，不断更新自己的知识结构，不断充实、更新自己的人力资本。

2. 具有多变性

产业结构的调整、新兴产业的不断涌现，不仅要求高校设置的专业与之动态适应，也需要培养的人才不仅局限于掌握本专业的技能，还要着重培养他们的职业迁移能力，以适应职业变化的需要。高校教育是直接服务于区域经济和地方经济的，区域经济的发展和产业结构的调整升级，会直接导致新职业岗位（群）的诞生和旧的岗位（群）的消失。这种变化折射到高校教师队伍建设上，其显著影响就是：昔日精心培育的"双师型教师队伍"，其所具备的专业知识、技能、技术与相关职业素质，会因职业岗位（群）的消失而过时，导致真正双师型教师比例的减少。因此，高校教师应适应这种人力资源多变性的特点，多与市场联系，多与企业联系，多了解生产第一线的技术变化，做到与时俱进。

3. 自主意识强

高校教师的工作主要是以个体的形式进行的，从备课、上课到做学术研究，基本上都是由教师个人独立完成。教师可以在很大程度上决定教学的内容和方式，选择学术研究的领域和方法，从而形成自己独特的教学风格和研究偏好。加之教师的劳动时间模糊、劳动过程难以监控、劳动成果难以量化等特点，使得高校教师拥有相当大的职业自主权，这就导致其自主意识非常强烈。正是因为高校教师的这一特性，对高校教师的劳动成果与价值的衡量，就不能采用简单的量化评价和单一的奖惩性评价，而必须构建一套以量为辅、以质为主的，奖惩性评价与发展性评价相结合的评价与考核体系。

4. 高度重视自我价值的实现

高校教师具有高学历，受过系统专业教育，掌握专业知识和技能，视野开阔，知识面广，重视能够促进其发展的具有挑战性、创造性的工作，对知识、个体和事业的成长有着持续不断的追求，他们要求组织给予其自主权，以便能够以其有效的方式工作，并完成组织交给的任务，渴望通过这一过程充分展现个人才智注重自我价值的实现。挑战性工作视为自我价值实现的方式、自我满足的内驱力，使教师产生巨大、持久而稳定的进取精神，尽力追求完美结果。他们希望组织不仅成为经济场所，更要成为他们彰显个性、成就自我、发展潜能的载体。因此，高校必须为教师的自我发展和价值的实现提供一个好的平台，让其有充分施展水平与空间的舞台。

5. 注重成就激励和精神激励

高校教师渴望看到工作的成果，认为成果的质量才是工作效率和能力的证明。因此，成就本身就是对他们最好的激励，而金钱等传统激励手段相对弱化。不仅如此，由于对自我价值的高度重视，高校教师同样格外注重他人、组织及社会的评价，并强烈希望得到社会的认可和尊重。由此可知，高校的激励机制不能仅仅着眼于物质激励，更需强调精神激励，关注教师成就动机的实现和成就感的获得。

6. 优质性、创造性与难替代性

高校教师的优质性体现在：人力资本存量的丰富上。高校教师的劳动具备智能性、创新性和创造性的特点。在工业经济背景下，一个最有效率的工人比普通工人多生产30%~50%的产品，但在知识经济背景下，劳动价值更多体现在智力劳动和创造性劳动上，技术研发人员能够比普通人员多做500%或更多的工作。在工业社会中，同质劳动力具有很强的可替代性，然而在信息时代，很多人才具备特殊才能。在高校也正是因为人才的特殊创意和特殊才华，才造就了一个思想库，这些是难以替代的。因此，无论是在高校的发展过程中，还是社会经济不断进步的过程中，都必须充分发挥教师的价值。

第二节 高校教师的薪酬与绩效管理

一、教师的薪酬管理

在人力资源管理中,薪酬体系具有不可替代的激励和导向作用,是调动人力资源的最有力的杠杆。现代薪酬管理理论认为,通过管理实现员工薪酬的公平和效率,可以充分激励员工的积极性和创造性,因此,提高教师薪酬管理的质量,是学校人力资源管理的重要任务。

(一) 现代薪酬管理概说

我们常说的报酬与薪酬是两个有差别的概念。报酬是指员工作为个人劳动的回报从组织得到的各种类型的酬劳,包括经济报酬和非经济报酬。

经济报酬又包括直接经济报酬和间接经济报酬。直接经济报酬是指员工以工资、薪水、奖金及佣金形式获得的全部货币性收入。间接经济报酬是指所有直接经济报酬以外的其他各种经济回报,如医疗保险、健康保险、退休计划、伤病补助、带薪假期等,也就是通常讲的福利。非经济报酬是指员工对工作本身或工作环境的满足感,例如,有趣的工作、挑战性、责任感、成就感、发展的机会、舒适的工作条件等。这种非经济报酬涉及工作的心理与物质环境。

直接经济报酬也称为薪酬,分为基本工资、津贴和奖金三类。首先,基本工资是组织按期付给员工的薪酬,其数目通常是固定的,除了晋级外很少变动,而且不因组织经营状况的好坏或员工工作效率的升降而增减。基本工资通常订有薪级表,员工薪酬的数目是根据薪级表制定出来的。职员的基本工资称为薪水，员工的基本工资称为工资，所以基本工资又可称为薪酬。薪水与工资的区别在于薪水通常是以一段较长的工作时间为单位来计算的，如月薪、年薪等。工资通常是以一段较短的工作时间或产品的件数为单位来计算的，如时薪、日薪、周薪或计件工资等。国内组织习惯上对薪水和工资不加区别统称为工资。其次，津贴是因特殊情况而另给的报酬，例如，物价津贴、房租津贴、夜班津贴、交通津贴、出差津贴、误餐费等。最后，奖金是为激励员工努力工作所给予的报酬，如全勤奖、节约奖、年终奖、超产奖、建议奖等。

显而易见，学校的薪酬有两种基本作用，首先，通过学校合理而有竞争力的薪酬，吸引和留住学校所需要的教师，这是薪酬管理最基本的目标。学校的大量工作要靠教师去承担，人们在选择工作单位时，薪酬是一个必须考虑的重要因素。因此，学校需要建立合理的薪酬体系，保持薪酬的竞争力，为学校的发展吸引和留住优秀人才和核心员工。

其次，学校的好的薪酬制度，还可以促进教师的工作绩效。薪酬不仅是种必要的经济回报，而且表达了学校对教师工作的一种价值肯定。在所学校里，人员之间在薪酬上的差异，实际上是政策倾向的一种反映。因此，学校应当利用"薪酬差"向教师传达组织的意志，表明学校对于某种特定工作表现的嘉许和期待，以此促进教师工作绩效的改进。

从人力资源管理的角度，薪酬既是费用也是资产。薪酬用来反映劳动力成本，在这个意义上它是费用；将薪酬作为激励员工努力工作的驱动力，它就成为一种资产。对员工的行为而言，薪酬有很大的潜在影响，这使它能够成为激励员工提高生产效率的动力和源泉。对员工来说，薪酬不仅是收入的主要来源，也是体现个人价值成就、身份、地位以及贡献的重要标志。当我们进行学校薪酬设计时，不能过分夸大薪酬的激励作用。美国行为科学家赫兹伯格提出的"双因素激励理论"认为,经济报酬并不是激励因素,而是保健因素。保健因素只能满足较低层次的需要,如个人生活、工作条件、职业保障等。这些因素的存在只能消除员工的不满,并不能产生激励作用。而激励因素能满足员工的较高层次的需要,如成长、被认同、声望、成就感、具有挑战性的任务等。因此,单靠薪酬是不能很好地实现对员工的激励任务的。

必须做到报酬公平,让员工感觉到学校支付给他们的报酬是公平的。从报酬的角度来看,公平包括外部公平和内部公平的。因此,在我们进行薪酬设计时,要考虑两个基本原则,即内部公平性与外部竞争性。

1. 内部公平性原则

薪酬管理最重要的原则是公平。西方经济理论认为,报酬是企业与员工之间的一项交易。员工为企业做出了贡献和努力,企业以报酬的形式给予补偿。对企业和员工来说,这是一项公平交易。员工对报酬是否公平非常敏感。公平是员工被公正对待的感受,衡量报酬是否公平并无绝对的客观标准,员工认为报酬低,便会有交易不公平的感受。

美国行为科学家亚当斯的公平理论阐明了薪酬设计的公平性原则,他认为,公平是员工将自己的付出和所得与其他地位相等的人比较后的感受。"付出"是指员工认为他对企业做出的贡献和任何对企业有价值的投入。例如,学历、经验、技术、工作成就、工作时间、生产数量和质量等。"所得"是指员工从他的工作中获得的报酬,如薪酬、福利、晋升、地位、名誉、有成就感、有表现的机会等。"其他地位相等的人"是指资历、职位与自己差不多的人,可以是本企业的员工,也可能是其他企业的员工。员工将自己的付出和所得比值与他人比较,如果他认为自己付出的多、所得的少,便会产生不公平的感受,并会设法尝试恢复到公平的状态。有些人会要求加薪,有些人会另谋高就，有些人会借故缺勤、怠工、不合作。总之，员工会采取不同的方式平衡心理上不公平交易的感受。

工作评价最主要的目的是以各项工作职务对学校的贡献，作为工作职务价值的相互比较基础，进而分清及界定学校各项工作价值的高低顺序，以建立一个合理化及系统化的工作价值体系。而此工作价值体系，即为内部公平性政策的具体成果。除了上述目的之外，工作评价是学校进行外部市场薪酬调查及建立最终薪酬架构的基础。

2.外部竞争性原则

外部竞争性是指学校薪酬与其他同类学校相比的水准高低关系，一般而言，薪酬给付水准的高低可以分成三类：领先竞争者、与竞争者相同和落后竞争者。而这三类薪酬水准的选择，又可分别称为薪酬的领先政策、中位政策和落后政策。

执行中位政策的学校，其薪酬给付的水准与大多数竞争者相近，遵行此政策的学校，无论在吸引新人或留住在职员工上，都与竞争者站在相同的起跑线上

遵行领先政策的学校，较其竞争者给付较高的薪酬，设法吸引、保留员工并尽量降低员工对薪酬的不满。领先政策运用的基础，在于高薪可吸引更多的应征者，使学校能够选取更优秀的员工，高品质的员工会有高绩效的表现，因此可以抵消较高的薪酬成本。

实行落后政策的学校在薪酬给付的水准上较其竞争者来得低，而这种政策将影响其吸引及保留员工的能力，但可提供更多加班与工作晋升的机研究发现，大多数的学校实施中位政策。

（二）高校的薪酬设计

1. 薪酬结构的类型

①工作导向的薪酬结构。这种薪酬结构首先需要确定关键岗位及其薪酬水平，再依次确定其他岗位的薪酬。工作导向薪酬结构的特点：完成工作所需的技能越多，则该员工的薪酬越高；工作环境越差，则薪酬越高；该工作对组织的贡献越大，则薪酬越高。其缺点是：岗位评价容易主观化；难以激励员工进行创新。优点：实现了职得其人和人尽其才；容易实现同工同酬。

②技能导向的薪酬结构。技能导向薪酬结构以知识和综合技能如职称等为基础。其优点是：利于激励员工学习；可以灵活地调配员工；利于保留精干的员工。但缺点包括：如果员工的技能普遍都升得很高，则企业成本会高居不下，使该组织失去竞争力。技能导向的薪酬结构比较适合于学校、研发机构等技术密集型的组织。

③市场导向的薪酬结构。市场导向薪酬结构以调查竞争对手的薪酬水平为基础。其优点是：简单易行；在同行业中能够保持薪酬上的竞争力。其缺点是：由于有些薪酬制度是保密性质的，因此，薪酬调查有时不容易得到准确的结果；基本薪酬水平的确定十分被动，不易自我灵活掌握。这种方法相当于让竞争对手来决定内部的薪酬结构，可能使本组织的薪酬结构丧失内部一致性。

当前，学校的岗位津贴的设立成为学校薪酬改革的一个亮点，这是向按资本要素分配方向迈出了一步，但做得还很不到位。例如，各学校目前岗位津贴的设置五花八门，未形成完善的体系。因此，结合学校实行的全员聘任制，要让新的薪酬机制同步跟进，才能真正实现"按需设岗、按岗聘任、岗变薪变"的用人新机制。

2. 学校薪酬设计策略

（1）在学校确立合理的薪酬结构

在学校人力资源管理过程中，基本工资、奖金、津贴福利等性质各异的薪酬形式，可以组成以下三种薪酬形式的组合模式。

①高弹性模式：高弹性模式即奖金和津贴部分所占比重大，而福利和工资部分所占比重较小。优点是对教职员工的激励功能较强，薪酬计发与工作绩效紧密挂钩，有利于控制人工成本，不容易超支。其缺点是薪酬水平波动较大，不易核算成本，员工缺乏安全感。

②高稳定模式：高稳定模式即福利和工资所占比重大而津贴和奖金部分所占比重小。优点在于薪酬水平波动不大，稳定性高，便于核算人成本，员工安全感较强。其主要缺点是由于加大了工资的比重减少了奖金的比重，致使激励功能削弱，组织人均薪酬成本的刚性增大、可调节的灵活性大大降低，容易给组织造成较重的经济压力。

③折中模式：折中模式是指上述两种模式的折中，兼具稳定性和弹性的一种薪酬模式。优点是兼顾了激励性和安全性，便于灵活掌握和成本控制，是一种"稳中有进"、适用面广泛的薪酬制度。缺点是它的设计和实施需要较高的理论水平和经验技术，各种形式薪酬组合平衡的"度"往往很难把握。

（2）建立有利激励的报酬组合

学校人力资源管理的主要对象是教师，与一般企业员工相比，教师群体具有特殊性。教师以知识为基础进行工作，可以称为知识员工，是在工作过程中主要依靠脑力劳动的员工。"知识员工之父"德鲁克认为："知识工作者如果不能被有效地管理，他们就根本没用"。

作为知识员工的教师有着不寻常的基本特征：第一，素质高，自主性强；

第二，从事创造性的脑力工作；第三，强调工作的内在价值；第四，有较强的成就动机；第五，不盲目崇拜权威，崇尚平等；第六，流动意愿强；第七他们的成功越来越依赖于学校资源。

知识员工的基本特征使他们有非同一般的核心价值需求，哈佛大学教授坎特认为这体现在四个方面：①使命感。与传统的职业发展阶梯和以晋升为基础的报酬激励制度相比，引发知识员工的自豪感和使命感，是更好的激励。②自主控制过程。能够自主选择感兴趣的工作，这本身就是一种有效激励。③获得成长机会。获得培训机会、能够进行有挑战性的课题研究，这比工资或福利更重要。④声誉。声誉"财富"的积累不仅能对知识员工提供即刻激励，也能使之获得来自公众影响的激励。

激励教师这样的知识员工，知识管理专家玛汉·坦姆仆经过大量研究后认为有四个驱动因素：个体成长，约占总量的34%；工作自主，约占31%；业务成就，约占28%；金钱财富，约占7%。

因此，现代学校人力资源管理在制订教师薪酬计划时，要考虑到四种形式：内在的满足成长的机会、肯定与赞赏和金钱的报酬。

（3）薪酬制度兼顾长期与短期激励

现代人力资源管理对薪酬制度进行了不断的创新，至今，以下几种制度得到了广泛的应用。

①期权制。期权制是一种长期激励制度，其基本原理是设定一笔收入，该收入必须与公司的业绩挂钩，激励对象有权在未来一定时期分批取得这笔收入。典型的期权制是指上市公司的高级管理人员有权在规定的行权期内按市场价分批出售低价获得的公司股票以换取现金收入。由于公司股票的价格与

公司的经营业绩成正比,所以公司高层管理人员要想获得丰厚报酬就必须持续性关心公司经营。我国目前实行的期权制都进行了某种程度的改变,如在年薪制或分享制的基础上引进期权原理,规定其所得年度收入不得一次性提取,以此强化对经营层的长期激励。

②工资制。这是最传统也是最基本的收入分配制度,它主要是根据学历、岗位、职务、工龄等非业绩因素,确定相应的工资级别,工资水平的升降与个人努力程度基本不成正比,从财务角度讲,工资属于成本范畴,与业绩无关。在收入水平日益提高的前提下,工资已逐步演变为谋生手段,其激励作用越来越差。

③提成制。这是在工资制基础上演化的一种激励制度,其特点是确定基本工资水平,剩余部分根据业绩按预先确定的比例提成。这种制度将收入与业绩挂钩,激励强度要高于纯粹的工资制度,但它不具备普遍适用性,只适合对业绩能准确界定的特殊人员的激励。

④津贴制。实际执行中表现为两种形式:其一,参照工资制的标准和条件,在规定的工资之外,按学历、岗位、职务等非业绩标准额外给予补贴,它和业绩没有直接关系,因此属于工资制的变异,它在一定程度上提高了收入水平,但在激励程度上仍然类似于工资制。其二,津贴制是根据个人业绩考核后发放,拉开收入档次和差距,其激励的作用较为明显,当津贴的数量超过个人原定工资水平时,这种激励作用会更大,但一般实行总量控制,不和公司业绩挂钩。

⑤年薪制。这是针对高级管理人员设计的一种激励制度,它由两部分组成:一是基本薪酬,按月发放;二是业绩收入,即根据预先规定的各项指标的完成情况,确定年度收入。由此将高级管理人员的个人利益与公司的发展

结合起来,这种制度的激励作用要大于工资制和津贴制,但激励对象受到限制,且总量也并非随利润同步增减。

⑥分享制。这是一种直接参与公司利润分配的激励制度,适用于高级管理人员和普通员工。一般有两种形式,一是实股制,即给予激励对象定份额的股份,使其成为公司的股东,从而分享公司的经营成果;二是虚股制,即只享有理论意义上的股份,但并不真正拥有,除分红外,其他权利受到限制。该制度将个人利益与公司整体利益挂钩,且总量不封顶,随公司经营成本同增同减。

二、教师的绩效管理

(一)绩效管理的含义与意义

从人力资源管理的角度来看学校绩效管理就是指制定学校员工的绩效目标并收集与绩效有关的信息,定期对学校员工的绩效目标完成情况做出评价和反馈,以改善学校员工作绩效并最终提高企业整体绩效的制度离化过程。

对于绩效管理,在现实中存在着许多片面的甚至错误的看法,完整准确地理解绩效管理的含义,需要注意以下几个问题。

1.认清绩效管理的内容

对于绩效管理,人们往往把它视同为绩效考核,认为绩效管理就是绩效考核,两者并没有什么区别。其实,绩效考核只是绩效管理的一个组成部分,最多只是一个核心的组成部分而已,代表不了绩效管理的全部内容。完整意义上的绩效管理是由绩效计划、绩效沟通、绩效考核和绩效反馈这四个部分组成的一个系统。以下来分项来说明绩效管理的过程。

①绩效计划。这是整个绩效管理系统的起点,它是指在绩效周期开始时,由上级和学校员工一起就学校员工在绩效考核期内的绩效目标进行讨论并达成一致。

②绩效沟通。这是指在整个绩效期间内,通过上级和学校员工之间持续的沟通来预防或解决学校员工实现绩效时可能发生的各种问题的过程。

③绩效考核。这是指确定一定的考核主体,借助一定的考核方法,对学校员的工作绩效做出评价。

④绩效反馈。这是指绩效周期结束时,在上级和学校员工之间进行绩效考核面谈,由上级将考核结果告诉学校员工,指出学校员工在工作中存在的不足,并和学校员工一起制订绩效改进的计划。

2. 明确绩效管理的目的

由绩效管理的定义可以看出,对绩效实施管理的根本目的是改善学校员工的工作绩效并最终提高学校的整体绩效,因此绝对不能把它简单地看成是一种对学校员工的控制手段。绩效管理不是在学校员工工作出现差错时对他们进行惩罚,而是在工作过程中帮助他们改进绩效,因此绩效管理不仅看重绩效的实现结果,更看重绩效的实现过程。

3. 正确认识绩效管理的作用

关于绩效管理的作用,在大多数人的概念中就是进行奖金的分配。不可否认,这是绩效管理的一个重要作用,但这绝不是它唯一的作用,绩效管理是整个人力资源管理系统的核心,绩效考核的结果可以在人力资源管理的其他各项职能中得到运用,不仅如此,绩效管理还是学校管理的一个重要工具。

4.重视绩效管理的责任

绩效管理虽然是人力资源管理的一项职能，但这绝不意味着绩效管理就完全是人力资源部门的责任。绩效管理的目的是用来发现学校员工工作过程中存在的问题和不足，通过对这些问题和不足的改进来改善学校员工的工作绩效，而对学校员工的工作情况最了解的正是学校部门的领导，因此绩效管理是学校所有领导的责任，只是大家的分工不同而已，在某种程度上甚至可以说绩效管理水平的高低反映了学校管理水平的高低。

5.重视绩效管理的实施过程

为了达到绩效管理的目的，绩效管理的实施应当贯穿管理者的整个管理过程，在某种意义上，管理者的管理工作其实就是一个绩效管理的过程，绩效管理绝不是在绩效周期结束时，对学校员工的绩效做出评价那么简单，而是要体现在管理者的日常工作中，成为种经常性的工作，在绩效周期结束时对学校员工的绩效做出评价只是这一过程的一个总结。实施绩效管理，可以说是学校人力资源管理的重要任务，其重要性的主要表现在以下几方面：

①为学校员工薪酬管理提供依据。学校组织内物质利益的分配必须遵循按劳分配的原则，报酬与贡献相匹配才能使学校员工感到公平合理，从而激励学校员工多做贡献。这就需要对学校员工的绩效进行定期测量和考评，以获得必要的客观依据。

②为学校员工晋升、调迁、辞退提供依据。有条件晋升的人数往往多于可能晋升的人数。在这种情况下，公平公正的做法就是依据学校员工绩效考评结果，择优晋升。同样，在决定学校员工工作调动（同级调动或降级调动）或辞退时，也必须以绩效考评结果为依据。

③为学校员工培训提供依据。绩效考评可以发现学校员工的长处与不足、优势与劣势,从而发现学校员工培训需要,制订具体的培训措施与计划。

④为奖惩提供依据。奖为主,惩为辅,奖惩结合历来是学校管理中的激励原则。只有对那些忠于职守、踏实工作、成绩优异者,给予物质或精神的奖励,对那些不负责任、绩效达不到要求的学校员工,要进行惩戒,这样才能真正鼓励学校员工向优秀者学习,防止不负责任的现象蔓延。对学校员工的绩效考评结果则是管理者执行奖惩的重要依据。

⑤帮助和促进学校员工自我成长。学校员工在工作中取得成绩和进步,通过绩效考评,得到学校组织的承认和肯定,可以更好地激励其发挥技能和潜力。学校员工如存在不足和缺点,通过绩效考评,能促使其清醒地认识到自己的差距,起到鞭策作用。

⑥改进管理者与学校员工之间的工作关系。在考评活动中,主管将考核与测评的情况,通过面谈和其他途径,向学校员工反馈,并听取学校员工的看法,了解彼此对对方的工作期望从而促进管理者和学校员工之间的沟通,并进一步融洽双方的工作关系。

(二)绩效管理的特点

对教师进行有效的绩效管理,制定绩效目标,必须清楚了解管理对象的特点,有针对性地予以管理。高校教师绩效管理基本具有以下特点。

1. 对象具有特殊性

教师作为高校绩效管理的对象,与企业绩效管理的对象有着明显不同。所谓师者,传道授业解惑也。高校教师作为知识的继承者、传播者、创造者,拥有较高的知识、丰富的学识,重名而轻利,甘坐"冷板凳",对尊重和自我实现具有较高需求。正是教师工作的特殊性，决定了管理工作的复杂性。

2. 个体具有差异性

高校教师绩效管理没有一个适用于所有高校的固定模式可以借鉴，更不能搞一刀切，用同一个模式来套用，因为实行绩效管理的高校具有较大的差异性。从学校类别来讲，有国家重点建设的"985"综合性大学、"211"工程大学、一般普通高校、高职高专等学校。即使同一类型的学校，其专业和学科也有很大差别，既有基础课，又有专业课；既有重点学科，又有一般学科；既有传统学科，又有新兴学科、交叉学科。因此，对不同类型学校、不同学科、不同专业的教师，应采取不同的绩效管理办法。

3. 内容具有复杂性

针对高校教师的绩效管理，若没有具体的标准，则无法进行考核。若要制定详细标准，又确实很难，内容千差万别，既要涵盖教师的三大职责，即人才培养、科学研究、社会服务，又要考虑不同职务、不同岗位之间绩效的差别；既要制定原职务聘任、缺岗聘任、聘期考核的不同标准，又要考虑对全职教师、兼职教师、短期聘用教师要求上的区别。因此，绩效管理要获得对教师科学合理的评价，必须充分考虑内容复杂性的特点，全面制定评价标准。

4. 成果具有滞后性

高校教师所承担的人才培养、科学研究、社会服务，都有其内在规律。由于人才培养的质量、科学研究的成果、社会服务的效益，因周期长短不一，很难在相同的期限预测所取得的结果，成果明显具有滞后性，其后果直接导致对教师评价出现偏差。因此，在制定高校教师评价标准、设定具体考核周期、赋予绩效不同权重时，要根据成果滞后性特点进行动态管理。

(三)绩效管理的策略

1. 清晰明确且令人鼓舞的战略

战略是一种框架,它决定着组织方向的选择,是一种组织的看法或做事的方式。战略策划与组织在事业上的领先地位始终相连,提供实现目标的途径,并指导组织中的每一个人去实现这些目标。所以,战略策划不是少数领导者在会议室里主观地炮制出来的,不是凭空捏造的,它不能仅仅为少数人服务,它与学校的每个员工个人的发展密切相关的。

正确、合理、思路清晰的学校发展战略就像大海上的航标灯一样,它能让员工向着一致和正确的方向前进,志向高远的战略能让员工非常清楚地感受学校宏大的发展方向和目标,能最大限度地调动和鼓舞员工的斗志和士气,也能让员工有一致的努力方向和归属感。

2. 进取性强又可衡量的目标

制定目标是为了分阶段实现学校的战略规划。目标设置是要把一个相当大的战略规划分解和具体化,使得一个组织在一定时间、空间和给定资源的条件下能够实现目标。根据"目标"的属性,制定目标可以遵循 SMART 原则。也就是 S(Specific):目标是否具体;M(Measurable):目标是否可以衡量;A(Attainable):目标能否达到;R(Relevant):目标与工作是否紧密有关;T(Time-based):目标有无明确的时间要求。

在具体操作环境中,学校应该制定不同的目标,如必须要达到的基本目标(生命线目标)和需要经过努力才能达到的挑战性目标(期望目标)。目标制定得太高或太低都没什么意义,目标太高会让人望尘莫及产生畏惧感,太低又会让人轻松懈怠无所追求。

3. 与目标相适应的组织结构

为了有效达成组织的目标，需要建立一个与目标相协调一致的组织结构。不同的战略需要不同的组织结构。对同一个战略来讲，不同的组织结构对该战略的满意度是不同的，对战略目标实现过程的影响也不同。比如，职能式的组织结构就很难满足沟通的要求，而层级设置过多则会出现"命令递减效应"。因此，当学校的战略目标确定后，应当建立一个与战略和目标协调一致的组织结构。

4. 透明公正的绩效评价

基于绩效沟通基础之上的绩效评价是绩效管理的核心环节。通过岗位管理人员与该岗位员工之间双向或多向的沟通，依据考核标准和实际工作完成情况，在分析和判断基础上形成考核成绩，并将绩效成绩反馈给员工。

公平一直是人们为之奋斗以争取的东西，绩效评价是对员工个人的工作成效的评价，那么公平就是一个最突出的、最受关注的问题。常常说"不患寡患不均"。绩效评价的标准应该是针对全体员工的，而不是有利于少部分人，甚至可能是有利于大部分人而忽视了弱势群体。由于学校的工作性质，决定了员工的同质性较强，员工的分层并不是非常明显，那么评价的导向和标准都是比较容易确定的。

知情权是一种权力，员工知晓绩效评价的各种信息就是他们的民主权利，透明本身也是一种公正。

第三节 教师人力资源的绩效管理与激励

一、加强高校管理者对教师绩效管理的引导

高校管理者对教师的引导在改变教师对现有绩效考核体系的不满,以及教师提高自身认识方面发挥着重要作用,同时高校管理者对教师的引导是动态绩效反馈环节中改变教师心理契约、增强组织凝聚力的重要一环。因此,必须大力加强学校管理者的引导作用,并注意以下几点。

(一)提高认识,尊重信任

根据高校教师自尊、自重和自强的心理特征,学校领导要尊重他们,信任他们,树立他们的威信,支持他们的教学、科研工作。要自觉地落实教师在学校管理中的主体地位,为他们创造民主、宽松的工作环境。在引导方式方面:一方面要深入细致地了解每个教师的各方面情况,用客观、公正、全面和发展的眼光去认识他们,切忌存成见、执偏见、求全责备。

另一方面,要充分发挥每个教师的特长,并安排其在合适的岗位上。"人尽其才,才尽其用"是用人的重要原则,也是调动教师积极性的有效策略。高校教师都非常重视自己才能的充分发挥,当他们感到有"用武之地"时,往往会产生巨大的工作热情。但传统的管理要求被管理者服从领导安排,而很少考虑个人的兴趣、爱好和特长,有时这就会产生能力与职位不相称的局面,从而浪费了大量宝贵的人才资源。

另外,部分领导不是客观地评价教师的实际能力和水平,而是根据学历和职称去评价,去决定如何使用教师。这种论资排辈的做法,无法使教师的才

能得到施展和发挥,从而大大打击了教师工作的积极性。

(二)创设优秀的高校组织文化

优秀的组织文化是规范组织成员行为的一种无形的力量,它的最大作用是促成组织目标和成员理想的一致性以及组织成员间理念和价值观的趋同,形成组织成员之间的吸引力和成员对组织的向心力,使组织成员产生归属感、自尊感和成就感,从而在组织内部形成一股强劲的凝聚力,而这些正是达成高校与教师之间良好心理契约的基础,也是改善绩效反馈效果的重要基础。注重高校组织文化的形成与提高,本身就会提高高校教师所感受到的尊重程度,并形成一种良好的有利于实现自身价值的文化氛围,从而提高了教师在工作中获得的满意度,强化了其工作动力,从而提高工作绩效。高校管理者应充分发挥优秀组织文化的作用,使教师认识到自己的成长与学校的发展密切相关,并因此产生强烈的责任感,从而提高凝聚力和工作热情。

心理契约的约束力虽不及正式的契约,但比正式契约更符合教育的宗旨,更能激发教师的无尽潜能。如果高校能够建立起一整套系统完善的心理契约机制,学校发展则会进入良性循环的轨道。心理契约作为现代管理的一种形式,它在学校管理中的出现和存在都是可能的、必然的。因此,深入了解心理契约在高校管理中的重要性具有深远的理论和实践意义,高校管理者必须对心理契约有正确的认识,这是高校得以更好生存和发展的重要保障。

(三)鼓励竞争,合理流动

高校教师都具有积极进取、不甘落后的心态,满足他们的需要,可极大地提高管理效能。这要求学校管理中要建立一个"鼓励竞争,合理流动"的用人机制。学校领导的引导方式:一方面,鼓励教师在教学和科研实践中刻苦钻研,勇于探索,大胆创新。他们的后顾之忧是职称评定、工资晋升和子女就学等比较现实的问题。对于中年教师，要使他们产生高成就感和创业的自由感，对他们取得的成绩给予及时评价、奖励和宣传；同时，针对大多数中年教师工作和生活负担重的实际情况，给予适当的帮助，解决他们的困难。青年教师思想活跃，行动敏捷，乐于参加各种活动，对工作有激情，竞争心强，是教师群体的希望所在。他们面临的是自己的婚姻大事和住房问题。因此对于青年教师，和他们诚挚而坦率的对话，做知心朋友，这种情感激励能使他们产生很大的工作成长动力，有助于将事业发展和个人问题进行合理匹配，充分发挥他们朝气蓬勃、勤思考和敢于创新的优势，为学校的发展贡献力量。同时，要不断克服论资排辈、求全责备和平均主义等传统观念，大力开创珍惜人才、合理使用人才的新风。

另一方面，采取各种措施促进教师合理流动。为了提高教学质量、科研水平和发展新学科、改变师资队伍中"近亲繁殖"和"人才积压"等不合理状况，调整队伍结构，建设学科梯队，合理地使用人才，必须坚持实行师资的合理流动，实行计划调配和聘任制相结合的管理制度。在实际中可以采用推行高校教师的聘任制，推行高级职称的教师限额制，推行末位教师淘汰制等高校教师管理机制，鼓励竞争，促进教师合理流动逐步提高高校教师队伍水平。

（四）注重科研，强化培训

肩负培养人才重任的高校教师，应当把知识更新视为一种责任，终身学习，不断提高自己的知识水平。学校领导应当给教师创造一种既有压力又受到支持的工作环境和培训条件。高校教师具有旺盛的求知欲。尊重和培养教师的求知欲，强化他们的求真倾向，并使之稳定在较大工作积极性的水平上，是学校领导应有的基本功之一。要引导教师增强科研意识，加强科研，尤其是大力鼓励创新研究。通过科研，促进他们不断学习与探索，增强工作积极性。只有深入研究、发现隐藏在表层工作之后的深层工作乐趣，才能进一步促使教师不断发现问题，探索规律，满足自己的成就需要和尊重需要，使"终身学习"潜移默化地为教师的自觉行为。

二、高校教师激励机制的现状与局限性

（一）现有激励机制定位不能适应新形势发展要求

随着高等教育的发展，很多高校把建设高水平研究型大学作为发展目标，在此目标下高校对教师的教学水平的要求也提上了一个新层次。在当前的学校管理中，激励这个概念是指激发人的行为动机过程，也就是指用各种有效方法去调动教师的积极性，使教师努力完成教学任务。而研究型大学要求教师的角色要由"教书匠"变成"研究者"，由"传授者"变成"开发者"，由"组织者"变成"创造者"。由此可以看出，研究型大学对教师的要求不是简单地完成教学任务，更重要的是要求教师要充分发挥自身的能动性和创造性，注重思考、研究和创新，逐渐把自己培养成研究者、创造者。因此，现有的激励机制已经不能满足在研究型大学背景下需要教师的主动性、创造性的客观要求。

（二）评价和考核手段欠科学，缺乏有效的竞争机制

很多高校在教师考核工作中，基本停留在教师的思想政治表现、职业道德、业务水平和工作业绩等几项指标上，并以此作为教师晋升、奖励或处分的依据。对教师的评价和考核主要是以所在组织评议和民主评议为主，手段比较单一，缺乏科学的量化指标。评价理念、评价模式、评价方法和评价结果等诸多方面都在一定程度上存在着不完善的地方，直接影响教师的选拔、任用等工作。

(三) 对教师奖励有余而约束不足

由于学校规章制度不健全或虽有制度而不能有效执行，使得对教师奖励有余而约束不足。准确地说，激励包括激发和约束两方面，奖励和惩罚是两种最基本的激励措施。激励的两方面含义是对立统一的，激发推动一种行为发生，约束则是对所激发行为加以规范，使其符合一定的方向，并限制在一定的时空范围内。学校为防止不希望出现的行为发生，就必须辅之以约束措施和惩罚措施，将教师的行为引导到特定方向上。实际上，很多学校尚未能采用适合本校背景和特色的激励方式，通过制定相应的制度，创建合理的校园文化，综合运用不同种类激励方式，来激发教师的主动性、创造性，约束和控制教师一些不符合要求的行为。

(四) 以物质激励为主的激励机制渐显弊端

物质需要是人类的第一需要，是人们从事一切社会活动的基本动因。因此，物质激励是激励的主要模式，也是目前许多高校使用较为普遍的一种激励模式。物质激励是指通过物质刺激手段来鼓励教师工作。它的主要表现形式有发放奖金以及各种福利待遇等。在实践过程中，不少学校在运用物质激励的过程中，耗费不少，教师的积极性和创造性并未得到提高，也没有达到预期的目的。一些高校在物质激励方面为避免矛盾而采取平均主义，不但没有达到预期目的，还极大损伤了部分教师的工作积极性。因为平均等于无激励，造成干多干少、干好干坏都没有区别，非常不利于教师积极性的调动。事实上，作为高校教师这一特殊群体，他们不但有物质上的需要，更重要的是有精神方面的需要。

三、完善高校教师激励机制

（一）完善高校教师聘任、考评、薪酬制度

1. 实行规范的聘任制

教师岗位聘任制贯穿了高等学校教师激励机制中从目标设置、绩效考核、奖惩分配到需要满足的全过程，是激励机制建立和实施中最重要的部分，也是当前高校改革的重点，认真做好这项工作对于充分调动广大教师的工作积极性、促进学校教学科研工作的稳定可持续发展都具有重要意义。

真正的教师职务聘任制应该是学校与教师在平等基础上建立起完全意义上的契约合同关系。其原则是按需设岗、公开招聘、平等竞争、择优录取、严格考核、合同管理。对教师的管理由身份管理转为岗位管理，由重身份、重评审、重资格转为重岗位、重职责、重聘任。其实质是在该原则指导下建立一套有效的人才引进和流动机制，提高高校用人效益。

2. 建立科学的绩效考核体系

为了正确评价教师的工作，需要依据一定的尺度来客观公正的衡量、测评教师的工作和个体素质，评价的主要手段就是考核。绩效考核是实施有效激励的关键，只有做到全面而且方法得当、结论真实才会起到激励作用，由于高校教师工作的复杂性，现有的考核评估体系还需要进一步完善。过去对教师工作的考核方法虽然很多，但多属于量化，近几年来，利用模糊数学、统计学的理论与技术，对教师工作进行描述，把教师工作的质和量，做定性、定量的分析，并把二者统一，这是一种新方法，是实现考核制度科学化的有效途径之一。

①考核的基本内容。根据目的性,考核分为特别考核和一般考核两大类。特别考核是为了明确的目的进行的考核,如为教师的选聘、工作的安排而进行的考核。考核的结果对教师的奖惩、职务晋升密切相关。对招聘人员的考核往往决定其是否录用,而职称评审组织的考核结果则直接决定评审情况。一般性考核是对教师日常工作的经常性评价,它以人员的工作情况为主要考核内容。考核结果不直接产生什么影响,它以积累的形式发挥作用,这是教师工作考核的主要形式。根据考核周期的长短,又可以把考核分为长期考核与短期考核两大类。

短期考核以具体任务完成的质与量两方面的指标作为主要考核内容。短期考核具有较强的时效性,可以对人员的劳动做出及时的评价。长期考核则是比较全面的考核方式。它以一个较长时间内的工作情况作为考核内容,同时还要对其本身的思想素质、业务能力做出相应的综合评价。长期考核要以短期考核的材料为基础,是短期考核积累一定时期后的综合测评。

②考核的方法。定性考核和定量考核是两种主要的考核方法。定性的方法以考核者对个体劳动的主观感受为基础,考核结果是结论性的评价,带有相当的模糊性和比较浓厚的经验管理色彩,主观随意性比较大,对教师实际贡献的评价受各种主观因素的影响缺少精确性。但它有其特有的灵活性,如果有效地排除主观因素的不利影响,评价恰当,可以比较生动地描述教师工作的全貌。

近年来对引入数学方法的定量考核研究比较多。定量考核的评价过程相对比较客观,评价结果有明确的可比性,作为奖励、晋升的依据显得更有说服力,可以为强化竞争机制、激励机制提供良好的评价基础。但是教师工作的性质属于复杂的精神生产范畴,若干方面的因素难以量化。所以使用考核方法时,既要尽可能地把有条件量化的考核内容量化处理,又要在公正客观的基础上,运用定性的方法评价政治思想表现、工作态度、学术水平之类的具有模糊属性的内容，把定量考核与定性考核结合起来，形成一个切实可行的考核方法。

3.建立合理的薪酬制度

薪酬是高校最有效的激励手段之一，也是促进教师努力工作的动因。教师薪酬是对教师劳动的认可和回报，其合理性直接影响教师的工作水平和工作质量。现行的高校工资制度是一个以职务等级、工资制度为核心的多元结构工资制，主要包括全国统一的事业单位职务等级工资制度，地方政府的津贴、补贴和校内津贴三个部分，构成了国家工资制度和校内分配制度互补的格局。

有关高校收入分配的理论研究，目前还不能很好地适应分配制度改革实践的需要，还是会有相对明显的滞后现象，理论研究者和从业者在收入分配理论和薪酬实践的研究中较为薄弱。所以，必须加快这方面的理论研究，尽快建立我国高校薪酬制度改革的目标模型，并继续探索实践，为国家有关部门在制定高校收入分配制度改革方面的实施方案提供理论依据和实证支持。

（二）引入竞争机制

1.选聘阶段引入竞争机制

要打破计划经济时代的"铁饭碗""终身制"，增强教职工岗位意识，优化教职工队伍结构，提高大学办学质量。岗位的聘任，应该坚持"因事设岗，择优任用，严格选拔"的原则，实行职员式的合同管理。推行公开用人单位的岗位和需求条件、全体公开报名、学校组织职业能力测试（笔试、面试）、用人单位考核的方法，使全体人员平等竞争，竞聘工作岗位。

2.日常工作引入竞争机制

在教学中，考核教师所授课的出勤率和注册率，如果学生非常爱听某位老师的课，那么这位教师就有资格留在这个岗位上，如果这门课的注册率下降，且学生的出勤率也一直在下降，那么教师就有被淘汰的可能；科研工作中，不仅要考察其研究成果的数量，还要看这些成果对社会和学科的价值，要看其指导的学生质量如何，如学生开展科研的独立性、论文的质量等。

3.考核引入竞争机制

高校要以职务分析为指导、科学的考评制度为基础，依据关键岗位、重要岗位和一般岗位的设置拉开分配档次，进一步量化教学、科研和管理的工作量，制定绩效考核办法，建立科学的考评制度。

贯彻奖优罚劣的原则，根据考评情况，分别给予奖励、续聘、高职低聘或者解聘，同时与校内津贴发放挂钩。在晋升职务的考核工作方面，不断发展和完善考评措施与办法。在专业技术人员年度全员考核方面，按照德、能、勤、绩的考核原则，依据各系、各专业岗位人员履行工作职责、完成所任工作的综合情况，做出优秀、合格、不合格的考核结论，记入专业技术干部技术档案，并作为评审晋升上级专业技术职称的有效条件，使职称的评定与专业技术人员平时工作表现、工作能力、完成任务紧密结合，促进职称改革工作健康有序地发展。

（三）完善高校教师继续教育制度 1.关心高校教师职业发展规划

赫兹伯格把人受尊重、自我发展和自我实现的需要作为激励的因素，尽管组织有着优厚的待遇和良好的工作条件，如果满足不了人们的这种愿望，人们还是会产生不满，高薪和工作条件即使能成为激励手段也有可能是短暂的，任何别的组织也可以效仿和提供同样的甚至更好的条件。所以对于高校来说，就必须以学校和教师一起发展的原则来激励教师、留住教师，否则就难免产生教师的流失。

首先,制订教师职业发展计划一定要以教师为本。高校应该根据学校的各种政策,如培训政策、晋升政策、奖励政策以及处罚政策等,再结合教师的实际情况与教师本人一起制订其职业发展规划。教师有着不同的兴趣、需求和水平,因此职业发展计划一定要基于教师个人意见,满足他们自我实现的需要,满足他们个性化的要求。

其次,在每个教师的职业生涯开发中,一定要进行动态的追踪管理,要不断地对教师的职业发展计划做修改或者增加新的内容。在教师达到了某个职业目标时,高校要与教师一起研究比较,看看是提前还是延后达成职业目标,提前了应该鼓励他再接再厉,向更高的目标迈进,如果延后了,高校更应该对他给予关注,找出原因,提供各种条件帮助他成长,真正做到让教师感到学校不仅仅是谋生之所,更是一个他们施展才华和实现个人价值的地方。

2. 建立科学的高校教师培训体系

高校教师的培训不但是高校适应教育国际化趋势的必然要求,也是激励教师的有效手段。现代科学技术的迅猛发展,使知识的陈旧周期不断缩短,知识的陈旧率不断扩大。因此,教育必须延伸到成人教育和终身教育,终身教育是学习社会化的基石。作为一名教师,要想在科学技术如此迅速发展的今天有所作为、有所创造、有所前进,就必须不断学习,不断提高自己的学术水平。同样,作为一所学校,要想在科学技术日新月异的今天,能够站在科学的前沿,多出人才,多出成果,就必须把教师的培养和提高作为一项战略性任务来完成。

高校教师的培训工作应该遵循人才成长规律,进行科学的安排。人才成长主要分为四个阶段。

一是知识结构调整充实阶段。在这一阶段中，系、教研室负责人或老教师要精心对青年教师进行各方面（包括自学方法）的指导，帮助他们确定业务方向，对自己的知识进行充实和调整，同时掌握必要的学习工具以及适合自己的学习方法。在此期间，有条件的可安排他们到助教进修班、研究生班脱产进修。

二是进入创造期阶段。在这一阶段，领导要创造各种条件让他们迅速获得该学科最新的信息，扩大他们学科上的时空观，让他们主讲一门课或加入重大科研（包括技术攻关）行列中去。

三是出人才出成果阶段。在此阶段，应将他们推上重要的教学、科研岗位，对他们加重科研任务，让他们承担乃至主持重大研究课题，负责培养研究生，给他们创造机会出国考察，与国内外著名的学者进行学术交流，尽力为他们创造一个有利于出成果的工作与生活环境，让他们专心致志于教学与科研事业。

四是总结阶段。一般教师到了55岁以后，虽然受自然规律的影响，创造性成果出得少了，但是无论在教学或专业方面，都积累了十分丰富的经验。在这一阶段，要充分发挥他们在教学中的骨干作用和科学研究中的指导作用。诸如让他们担任基础课和主要专业基础课的教学，给他们配备助手，创造条件撰写专著或主编质量较高的教材；把他们丰富的经验包括治学方法传授给青年教师和研究生，指导教师选择科研课题等。

可以说，在学校工作的教师绝大多数是认真工作、努力上进的。但是也应该清醒地认识到，教师中的差异是客观存在的。这就需要破除平均主义，让真正优秀的教师成为学科骨干加以重点培养。每一所学校都有一部分教师原来基础较好，教学科研能力较强，工作成绩较大，学术上有较高的水平，在国内外有一定的地位和影响。他们中的一部分人实际上已成为某个学科领域的带头人,有较强的组织能力,能影响带动一批人。因此,应当在一定时期评一批重点学科,选一批学科带头人,让他们在教学、科研中真正起到中坚作用。

第四章　高校人力资源管理的大数据探索

人力资源管理是高校管理的核心任务，在飞速发展的大数据时代下，针对高校人力资源管理中所出现的问题，运用新的管理方式和科学的数据分析，提高人力资源管理效果，促进高校各项事业的发展，实现高校人力资源管理的新篇章。本章分为大数据概述、高校利用大数据优化人力资源管理的探索、大数据环境下高校人事档案的建设创新三部分。主要包括"大数据"基本特征概述、大数据时代下高校人力资源管理的不足之处，以及大数据环境下高校人事资源管理等内容。

第一节 大数据概述

一、大数据的概念

(一)"大数据"是什么

大数据,又称"巨量资料",指的是所涉及的数据资料量,规模巨大到无法通过人脑甚至主流软件工具,在合理时间内达到取得、管理、处理,并整理成为帮助机构经营决策更积极目的的资讯。

(二)"大数据"的概念界定

"大数据"自产生以来已有40余年的时间,在漫长的发展过程中,大批专家学者尝试从各种角度分析和界定"大数据"的基本内涵。分析这些研究成果,大体有如下几种具有代表性的观点和说法。

1. 对比方式的概念界定

这类研究主要以对比的方式论证了"大数据"较之于传统的"数据"的差别与超越。上海科学技术情报研究所,缪其浩研究员认为,大数据并非一个严格意义上的科学研究术语,因此,他仅仅通过特征描述的方式指出"大数据"对"数据"的超越,进而帮助我们理解和把握大数据的基本内涵。著名专家徐子沛教授在《大数据:正在到来的数据革命》一书中阐述了大数据的内涵,即"大数据是指那些大小已经超出了传统意义上的尺度,超出了传统数据库软件工具的抓取、存储、管理和分析能力的数据群"。国防科技大学苏金树教授认为大数据指的是"所涉及的数据规模,大到无法通过目前主流软件工具,在合理时间内达到采集、管理、处理,并整理成为能够帮助企业经营决策的信息"。这种概念界定方式较为粗略和模糊，只是从整体上抓住了"大数据"某些方面的要素，阐述大数据较之于传统数据的差别，以期通过概念对比来帮助人们在总体上认识和把握"大数据"的内涵。

2. 描述式的界定方式

这种界定方式以"大数据"所具有的基本特征入手，来描述"大数据"对"数据"的超越与突破。这种观点的产生有其时代背景，伴随着联网的飞速发展，当今社会面临着信息骤增、数据爆炸的局面，特别是微博、博客、Face book等社交平台的发展，使得每个人都成为数据的生产者和创造者，IBM公司统计数据显示，"人类整个文明所获得的全部数据中，有90%是过去两年内产生的，到2020年，全世界所产生的数据规模将达到今天的44倍"。这一现象使得人们密切关注大数据的规模、速度与价值等特征，并从这些特征入手界定大数据的基本内涵。例如，高德纳咨询公司（Gartner），从特征描述的角度来定义大数据，他们认为大数据是指"高容量、高生成速率、种类繁多的信息价值，同时需要新的处理形式去确保判断的做出、洞察力的发现和处理的优化"。刘维贵认为，所谓大数据是指"那些大小已经超出了传统意义上的尺度，一般的软件工具难以捕捉、存储、管理和分析的数据"。他特别强调大数据的"容量之大、价值之大"与"速度之快"等基本特征。张滨等人从特征描述入手，来界定大数据的概念，认为大数据应当满足的基本特点是"规模大、深度大、宽度大、处理时间短、硬件系统普通化、软件系统开源化"。

3. 相对综合的概念界定方式

这种定义方式较为宏观和整体，力图涵盖和拓展"大数据"的基本要素，进而全面认知和把握"大数据"的科学内涵。日本学者城田真琴，在其著作《大数据的冲击》一书中，界定了比较具有综合意义的大数据概念，即所谓大数据"指的是一个综合性概念,它因具备3V(Volume、Variety、Velocity)特征,而难以进行管理的数据,对这些数据进行存储、处理、分析的技术,以及能够通过分析这些数据获得实用意义和观点的人才和组织"。这一概念界定方式,是伴随着大数据研究的不断深入而得出的,理论界开始反思过大对比研究和特征描述的定义方式的局限性,试图找到一种更为全面和综合的概念界定方式。而毫无疑问,城田真琴的这一定义方式研究视野较为宽广,他不再局限于将"大数据"的内涵仅仅限定为具备某些特征的数据,而是将其拓展为数据、技术、人才与组织几个层面和维度,可以说,这是一种较为综合的定义方式,它有助于拓宽我们对"大数据"的认知和理解,使我们更为深刻地反思和探讨大数据的科学内涵。通过研究梳理和比较分析,笔者倾向于采纳较为综合的观点,即所谓大数据,是指具备传统数据无法与之相比的规模、速度与多样性特点而难以进行有效管理的数据,对这些数据进行捕捉、存储、分析与处理的技术以及通过分析这些数据能够获得某种实用价值的人才与组织的综合。这一观点为我们全面认识和准确把握大数据的基本内涵与基本特征,并进一步分析其对高校人事档案管理创新的影响都具有重要的意义与价值。

(三)"大数据"的意义

大数据的出现意味着数据能广泛渗透人力资源的各个方面并相互关联。例如,用大数据的方法,把教师的资料全部收集起来,把他们共性特点找到,然后把某一个人调整到合适的岗位,可以说,用大数据给我们人力资源管理带来了福祉。高校的管理结合大数据的运用更好地把握、预测人才基本情况,预测新兴专业,避免高学历、高职称、丰富教学经验,避免教师的流失。

二、大数据的基本特征

随着大数据时代的到来,高校的人力资源管理水平也逐步加强,借助对教师信息的零碎数据的融合，不断更新工作方式、提升工作效率，为更好地促进高校在人才培养、科学探索、服务社会等方面做出贡献。大数据以超大规模、超多种类、超高速度、低密高价为主要特点。这些特点的存在使得大数据全面超越和突破了传统数据的体量、类别、速度与价值。研究和分析大数据的基本特点，对于科学认识和准确把握大数据的科学内涵和时代特点都是大有裨益的。通过研究梳理发现，大数据主要有以下几方面的特点。

1. 超大规模的数据信息

这是大数据的首要特征，大数据首先意味着数据信息规模的庞大，难以用传统的计量工具计量、捕捉、分析和处理。伴随着云计算、物联网以及通信技术的快速发展，大数据时代已经悄然来临。近几年来，全世界产的数据量更是以几何级的数字飞速发展着。可以预见，大数据时代下，数据的规模将飞速发展，这些超大规模的数据信息洪流突破了传统时代的相对狭小、单一的数据信息，客观上要求人们对数据有一个重新定位。

2. 种类繁多的数据类别

这是大数据的重要特点，大数据还意味着数据类别的多种多样，超越传统数据的界限，跨部门、跨学科、跨领域的海量信息被迅速创造出来并被成功收集汇总。海量的数据信息中既有结构化的文本又有非结构化的数据。例如，文本、视频、音频、图片、微博、电子邮件等多种类别的数据信息被迅速传递和发布，这种多类别的数据信息极大地丰富了数据库的存量，使得数据的类别日益多样化，同时，也使得数据库建设十分庞杂，内在的关联性不是非常紧密，海量的信息中堆砌的成分非常多。可以说，种类繁多的数据信息，既使数据搜集变得开放与平等，人人都可以参与到信息的发布与传递之中；同时，又使得数据库本身庞杂不堪。

3. 飞速发展的数据更新

大数据还具有速度特征，数据更新的速度超越传统时代的数据抽样搜集，而成为海量的数据传输。在大数据时代，数据的更新日新月异，数据不再是静止不动的，而是动态生长的。高速的数据更新使得数据的总量规模越发变大，并给"分析和处理"这种数据带来了现实挑战，传统的相对静止的数据信息管理方式面临着越来越多的挑战与问题。毫无疑问，传统的信息处理技术，已然难以适应大数据时代的发展要求。在这种背景下，以云计算为主的技术突破，给数据的传播带来了新的技术支撑，使得数据的分析和处理变得愈加快速和便捷。

4. 低密高价的数据价值

大数据时代下，数据的密度虽比较低但价值非常大，作为大数据技术支撑的深度挖掘技术至关重要。通过采用深度挖掘技术，研究者可以在海量的数据信息中搜寻和筛选具有价值的数据资源，而且这些数据资源，一般都可以通过较为公开的信息平台快速获取，而深度挖掘这些数据资源，却要付出高昂的信息成本，这就直接增加了我们获取有效数据信息资源的难度。例如，警方在侦破案件时往往会查看天网系统中的监控视频，在海量的视频中对侦破案件有帮助的可能只有短暂的几秒钟。为了准确获悉这些有价值的信息资源，警方就必须耗费大量的人力、物力、财力去研究视频数据库，进而挖掘出最有价值的信息资源。可见，在大数据时代，如何科学地管理和优化数据库建设，使之更好地服务于管理实践或经营决策，是摆在理论界和管理者面前的重要课题。

第二节　高校利用大数据优化人力资源管理的探索

一、大数据时代下高校人力资源管理的不足之处

（一）高校人力资源配置效率方面

纵观国内一些高等院校，一些学校没有配置科学的人力资源机制，收集教职工的信息不全面。在收集教职工信息的时候，存在信息不对称情况，不能对教职工的具体信息加以把控，难以给职工科学的匹配岗位，造成人员配置不均衡、不科学的现象。此外，高校内的专业技术老师和管理人员缺乏。配置人力资源水平较低，导致人才浪费情况时有发生，这对高等院校的可持续发展造成深层次的影响。要想把这一问题很好的解决，高校人事部门应该主动应对信息变化，深入学习和了解大数据知识，不断更新和调整人力资源管理模式，从根本上扭转这一现象。

（二）高校人力资源管理模式方面

最近几年，科学技术获得快速发展，出现了一大批新的技术，这些技术在各个行业之中得到了广泛的运用。就高校而言，人事部门开展工作的时候，存在管理模式落后、手段粗糙、效率不高等情况。甚至一些高校还没有建立专门的人事管理部门和队伍。在社会高速发展的背景下，作为高等院校应该紧跟时代发展潮流，变革技术设备，应用新的技术和管理手段，建立健全科学的人事管理模式。

（三）高校人力资源管理方面

对于高校的人力资源管理部门来说，它实际上是为其他管理部门提供帮助的辅助性部门，其很多工作都是为别的部门的运转提供支援。一般情况下，在其他部门产生一定的需求后，人力资源部门根据这些需求进行协调和帮助，在这种情况下就容易使相关的工作产生滞后，这种滞后又常常使人力资源工作变得更为紧张和烦琐。如果不能及时地解决问题，将会招致相关部门的不满。因此高校的人力资源工作应当具有前瞻性和预见性。

（四）大数据技术使用意识方面

部分高校领导认为高校人力资源管理的大数据建设是人力资源部门的事情，缺乏对人力资源大数据分析、挖掘、利用的认识，仍停留在传统的管理方式工作状态下。这就使得管理者只注重对工作的管理，忽视了大数据支撑高校人力资源决策的重要性，忽略了高校利用所有师生的相关数据为高校招聘、培训、绩效考核等提供科学决策建议的依据，也忽视了大数据技术协助高校进行人才测评的价值，不能准确选用、提拔和留住最优秀的教师。

（五）高校人事档案信息化建设的信息来源方面

目前，人事档案信息的来源主要是人事档案，但是档案涵盖的信息范围有限，而且"千人一面"。其原因是多方面的：第一，档案材料的收集范围限定在十大类，不足以展现个体全貌。作为高校教师主业的教学、科研工作的过程、成果与评价，以及高校转型发展过程中教师深入企事业单位、服务社会的实践材料不属于归档范围。

第二，现有归档材料承载的信息有限。如教职工的年度考核表作为唯一归入档案的工作业绩总结，总结部分只占 A4 纸的 2/3 篇幅，即便用小五号字体打印也不过30行，承载的信息量非常有限，难以详尽反映个人年度工作的全貌。

第三，档案中的个人考核评价千篇一律，体现不出鲜明的个性。

第四，档案的保密要求使得当事人无权查阅本人档案，无法知晓档案是否齐全，更不能做到及时补充和完善。这种状况离"大人事档案数据"的要求相去甚远。

（六）高校人力资源大数据技术配置方面

在高校发展中，自身体制机制落后、缺乏创新精神，是不能衔接大数据技术的重要缘由，也是配置不合理、效率低的主要原因。大数据技术配置弱，主要体现在信息收集、信息处理、信息传递、信息分析研究应用等方面。例如：信息收集不全面，有关领导就不能准确部署教学工作安排；信息处理不当，教管人员就不能准确评估教师工作质量；信息传递失误，相关教职员工就不能准确完成教学任务，这都严重影响了各项工作的质量和效率。此外，如果人力资源大数据技术配置不合理，不但不能提供科学的人力资源规划，还会造成高校巨大的人力资源、财力资源的浪费，如出现资源闲置、一岗多人等情况。总之，大数据技术资源配置是一把双刃剑，以适合为度，这个问题没有得到解决，不仅会加重高校发展的经济负担，也会加剧高校内部的矛盾。

二、大数据时代下高校人力资源管理措施

（一）大数据与教师招聘配置

事实上，多个子数据集，存在于大数据之中，这些数据涵盖教职工的所有信息，人事部门可以依托这些信息，全面的了解每一位教职工，进而为其匹

配合适的岗位，实现人尽其用。在大数据技术的帮助下，高等院校可以不断提升人员招聘和匹配效率，摆脱招聘和配置的盲目性，尽可能地留住优秀人才。

大数据与教师招聘与配置。大数据中包含很多子数据集，每一个子数据集都包含了一个人全部的信息，包括工作、学习，社会关系，生活状况、能力和潜力的开发、工作效率以及道德记录等。这样在应聘过程中，高校就能直接获取应聘者的各种信息，不仅包括涉及人力资源管理的大数据信息，还包括财务数据和道德数据等，从而全面了解应聘者，实现精准的"人岗匹配"，做到"人尽其才，人事相宜"的状态。借助大数据的支持，可以有效提高高校人员的招聘与配置效率，在评估、分析、反馈等各环节都有所提升。利用大数据进行高校人才招聘的遴选和聘用，不仅可以有效避免"井底之蛙"的眼界，还可以防止拥有人事权利的某些人以权谋私，促进人才的高效流动，最大限度地避免人为因素导致的不公平现象。

（二）大数据与教师绩效考核

在大数据环境中，进行绩效考核指标设定时，应当将定量指标和定性指标结合在一起，如将教师的教学课时、科研成果、学生满意度等作为定量指标，而将教师的品德、责任心、创新能力、协作能力、工作态度等作为定性指标。通过对这些数据的收集和统计，合理地确定不同指标在绩效考核中所占据的比重。此外，要想在绩效考核中做到公平公正，需要改革原有的考核方法，建立新的绩效考核模式，对各个不同的岗位进行分析，应用现代科技和优质平台，对相关数据进行收集和分析，构建起一个以数据为基础的绩效考核系统，专门用来对教师的工作情况进行评价，不但可以对员工已经做出的贡献进行客观的评定；同时，还可以对以后的工作改进提出具体指导意见。

（三）大数据与教师薪酬管理

对每一位教职工来讲，薪资待遇和他们息息相关，他们也比较重视这项工作，所以高等院校在建立和改革薪酬制度的过程中，应该秉承"内部公平、外部公平和自我公平"的原则。借助运用大数据，高校可以从宏观上把控行业的工资水平，把握国内薪资情况，然后根据高校自身情况，结合相关参考，出台科学的薪酬管理制度。

（四）大数据与教师的开发培训

纵观高等院校人力资源管理工作，其最重要的组成部分为教职工的职业生涯培训。在大数据背景下，我们以教职工的所有数据为基数开展人力资源管理工作，所以我们在对教职工相关信息进行收集的过程中，除了收集应聘岗位等基本信息外，还应该对教职工的晋升意愿、就职情况等信息加以了解，充分挖掘和教职工职业规划相关的信息内容。

然后通过量化分析教职工的这些信息，形成每一个教职工的信息集。对高等院校人力资源管理部门来讲，可以基于大数据环境，开发出相关的测试系统，教职工通过测试全面了解其行为，为教职工岗位匹配度进行衡量，找到最佳的岗位，然后根据实际情况进行岗位调整，主动开展工作，保障每一位教职工在合适的岗位上为高校的可持续发展贡献力量。

总之，要推进高校精准招聘、培训，构建人才梯队。利用大数据技术，高校能在第一时间掌握岗位人员的基本情况。依据高校的实际情况，可以从市场中寻找到所需要的各类骨干教师，从而填补教师岗位空缺。另外，高校通过大数据技术，能够及时掌握教师的教学能力。通过相应的数据显示，可以对教师能力的薄弱环节，进行有针对性的辅导。借助大数据技术，为教师提供准的培训服务，能够提升教师自身的专业技能和职业素养。高校可以利用大数据技术，构建信息化平台，打通学校与教师间的渠道，吸纳教师合理化建议意见，减少教师与高校间的矛盾。同时，高校利用大数据技术，可以建立稳定的人才梯队，从而为高校的全面发展提供更多的后备支持。

第三节 大数据环境下高校人事档案的建设创新

一、大数据环境下高校人事资源管理

"高校"是个复杂的综合管理单位，教师的管理又成为高校的重要任务，使用大数据的方式管理教师将成为高校人事资源管理的新趋势。

（一）实现"人岗匹配"

通过大数据技术及大数据下管理的信息系统，根据高校人事信息收集已经在岗位工作的绩效优秀的教师在教学、科研、学生教育与管理上的各项信息及个体特征要素，建立相关岗位的优秀的人才模式，挑选专业水平、工作能力、兴趣爱好与岗位需求匹配程度最精准的匹配。对于拟招聘的岗位人员的选择，在获取应聘者信息的基础上，通过岗位优秀人才模式与应聘者的匹配进行筛选，避免面试官因信息掌握不全对招聘带来的影响，更加谨慎的选择应聘者，建立高校人才队伍。利用高校人事档案信息管理系统的大数据资源和技术，对人力资源与岗位之间的相关性进行分析，可实现以下内容。

第一，针对高校人事档案信息管理中的在岗优秀的教职工，进行信息的收集和分析，观察其各个特征要素，并利用相关算法，形成培养优秀的人才模型。

第二，立足于已经形成的优秀人才模型，根据在不同岗位中的工作差异，选择那些专业结构强和工作能力强的，对他们的性格特点和岗位之间的匹配进行分析，从而形成精准匹配。

第三，在选择拟招聘岗位中，要对应聘者相关的信息进行获取，并且在这个基础上，利用大数据进行全面分析，研究其他的信息，比如，生活状况和社会关系,以及其三观和性格等,这可以形成比较全面的立体的信息,可以在岗位选拔中,对人才进行匹配,按照程度来完成筛选。

(二)实现信息关联融合

通过完成教师信息从纸质到电子档案的管理工作,来不断实现信息关联融合。在职、离退休人员的学历、职称、工资情况、考核情况已经从原先的纸质版梳理为电子档案,并通过统一的工资平台实现网络化操作,更加方便查阅。同时也建立了社保系统,每个人的社保都与其基本信息挂钩,更便于社保改革。借助信息平台,已将高校教职工教学任务、财务管理等数据通过公开、透明的方式提供给教师,充分尊重教师的知情权和"主人翁"地位可以使其与学校之间有更紧密的默契关系。

(三)实现高校人才队伍的持续稳定

借助大数据时代下高校人力资源的管理方式,对高校的人力资源发展进行预测,维护高校人才队伍的稳定。结合大数据时代下高校人力资源管理的模式,对现有的教师结构进行分析,对未来高校人力资源发展趋势进行预测,对所需热门专业的教师提前做好培养、引进工作,不断壮大师资力量,对即将没落的专业的教师做好调整工作,确保高级人才的稳定性,提升学校的竞争能力,逐步发展强大。

(四)实现教师工作的全面衡量和考核

大数据时代下建立考核细分体系全面衡量教师工作。考核是为了衡量教师一年的全面工作业绩,不断提高教学水平。传统的考核并不全面,往往过于形式化。将建立考核,用数据衡量教师的课时量、出勤率、科研结果,把全据整合,用来衡量教师一年的业绩。对于考核综合评分高的给予奖励,对于综合评分低的将调整岗位，用数据体现考核结果，让考核公平、透明，激发教师工作热情，避免平均主义。

二、大数据环境下高校人事档案数字化管理

在高校人事档案数字化管理过程中，应当在坚持上述基本原则的基础上采取措施积极推动实施高校人事档案数字化管理，具体措施主要包括积极以"服务"为取向重塑档案管理理念，以"高效"为目标加强管理团队建设，以"安全"为导向建设档案数据库，以"规范"为方向理顺档案管理制度，以"完备"为标准加强基础设施建设。

（一）以"服务"为取向重塑档案管理理念

服务性原则是高校人事档案数字化管理的首要原则。在服务性原则的指导下，传统的"管控"思维和管理理念已难以满足高校人事档案管理事业发展的需要，高校人事档案管理部门必须努力实现以"服务"为取向重塑档案管理理念，其体而言，必须做到以下几点：

1. 突出人事档案的服务功能

在高校人事档案数字化管理过程中，必须紧紧以问题为导向直指传统管理理念中较为突出的、片面的、静止的、单一的管理理念和管理思维，以顺应市场经济发展要求和聘任制改革趋势的契机，树立动态化思维来转变静止的管理理念，从高校人事档案数据库建设中所有人一视同仁、平等对待来扭转片面性的管理思维，充分发挥现代信息技术的便捷条件，打破传统的、单一的管理理念和思维模式。

总之，在当前的大数据背景下，加强高校的人事档案管理工作，就要针对

各个高校人力资源，进行信息和数据的统一收集，并且利用大数据，进行数据之间各关系的探索，并对最终的结果进行预测，从而，明确高校的人力资源管理优势、加强培训工作的开展。因此，只有利用大数据、建设人事档案、加强信息化管理和建设，才可以为高校人力资源管理发展提供不断科学化和道路。

2. 增强高校人事档案数字化管理的服务功能

在高校人事档案数字化管理过程中，应当顺应大数据时代的发展需要，树立动态化、全面化、多元化的管理理念，以增强高校人事档案数字化管理的服务功能。在大数据时代背景下，高校人事档案数字化管理迎来了重要的发展机遇又面临着严峻的现实挑战，其中管理理念的滞后便是最为突出的问题之一。大数据时代的来临给管理理念带来的最为直接的影响是从"管控"向"服务"的价值取向转型，当然这种转型并非一蹴而就的，而是一种缓慢发生的渐进过程。为此，顺应大数据时代的发展需要，积极更新高校人事档案数字化管理的发展理念，努力增强高校人事档案数字化管理的服务功能，便是高校人事档案数字化管理健康可持续发展的当务之急。

（1）积极借鉴大数据时代背景下动态化的管理思维

高校人事档案数字化管理应当积极借鉴大数据时代背景下动态化的管理思维。这对高校人事档案数据库建设具有重要的指导和借鉴意义，可以说，高校人事档案数据库建设只有起点没有终点，应当根据高校人事档案数字化管理的发展需要不断进行发展完善。为此，在高校人事档案数据库建设中，高校人事档案管理人员应当树立动态化的管理思维，注重和强调高校人事档案数据库的实时更新和发展完善，而非被动地等到人事职务变迁才进行相关的档案建设跟进。同时，高校人事档案管理人员还应当定期或不定期地收集高校工作人员的工作业绩、实践活动与政治思想等方面的资料，时刻以数据库的动态发展为需求，不断完善高校人事档案的数据库建设，以便更好地服务于高校人事档案数字化管理实践以及高校人事档案管理事业的健康发展。

（2）努力增强高校人事档案数字化管理的服务能力

高校人事档案数字化管理应当积极引入大数据时代背景下全面化的管理思维，努力增强高校人事档案数字化管理的服务能力。高校人事档案数字化管理过程中，树立全面化的管理思维就要正确处理好以下几对关系。

其一，正确处理高校人事档案数据库的完整性与安全性的关系。高校人事档案数据库的完整性与安全性是数据库建设的一体两面，在高校人事档案数据库建设中树立全面化的管理思维，就不能顾此失彼、厚此薄彼，而应该统筹兼顾、协调发展。在高校人事档案数字化管理实践中建设高校人事档案数据库，要一视同仁地对待高校干部人事档案与普通高校教职人员的人事档案，力求均衡发展、同等对待。同时，要着力加强高校人事档案数据库的安全性建设，并以安全性为支撑维系高校人事档案数据库的完整性。

其二，要正确看待"数字化"管理与"文本化"管理的优势与局限，努力谋求两者的良性配合、协调发展。在高校人事档案数字化管理过程中，并不是一味地追求数字技术革新的技术至上，而应当实现"数字化"管理与"文本化"管理的良性配合、协调发展，这就要求高校人事档案管理部门的相关人员充分认识数字化管理技术的功能与作用、文本化管理的局限与价值，在此基础上积极发挥两者各自的优势，努力规避两者各自的局限，实现两者的良性互动与和谐发展。

（3）努力改善高校人事档案数字化管理的服务效果

高校人事档案数字化管理过程中，还应当努力借鉴大数据时代背景下多元化的管理思维：努力改善高校人事档案数字化管理的服务效果。在大数据时代背景下，数据信息的类别不再局限于传统"小数据"时代结构化的文本统计，而是增添了种类繁多的非结构化数据信息，大量的视频、音频、图片等数据资料被广泛收集和统计出来，这给高校人事档案数字化管理理念更新带来新的启示，即应当树立多元化的管理思维。既要重视传统文本化的管理方式，又要积极发展数字化管理的突出优势；既要重视数据库自身的安全性建设，又要突出数据库管理人员的保密意识；既要重视传统管理方式的积极作用，又要积极借鉴数字化管理技术的便利条件。多元化的管理思维带来了高校人事档案数字化管理思维的重要突破，管理者在多元化理念的指导下更容易具有包容性的心态，积极地迎接大数据时代来临带来的发展机遇，努力寻求和不断开拓高校人事档案数字化管理的新境界。

（二）以"高效"为目标加强管理团队建设

管理团队建设不是也是制约高校人事档案数字化管理团队中人员素质提升的关键因素，而加强管理团队建设是破解高校人事档案数字化管理团队中人员素质偏低这一困境的根本措施。在高校人事档案数字化管理过程中加强管理团队建设需要以高效为目标导向，打造一支专业化素质比较强、复合型人才比较多、梯队分布相对合理的高素质、高效率的管理团队。基于大数据视角的高校人事档案建设助力人力资源管理，促进高校师资队伍的不断优化，最终实现服务地方经济社会的需要。人才培养、科学研究、社会服务是高校的三大职能，是高校赖以存在的基础及发展方向。随着大数据时代的到来，大数据人才的匮乏、大数据技术的逐步完善、利用大数据服务区域社会的强烈需求，必然要求高校培养大数据专业人才，对大数据技术进行深入研究，服务区域社会。因而引进大数据方面的师资、高层次人才及团队将成为必然趋势。为此，加强管理团队建设需要从以下三个方面进行努力。

1. 构建专业化人才队伍

加强管理人员的专业化、专职化建设，着力构建专业化程度比较高的高校人事档案数字化管理人才队伍。高校人事档案数字化管理人才队伍建设的首要任务是加强管理团队的专业化、专职化建设，提高管理人员的专业化程度。为此，需要从以下几个方面入手：

其一，加强领导对高校人事档案数字化管理人员专业化的重视程度，这是高校人事档案数字化管理团队专业化、专职化建设的重要保障。

其二，基于大数据视角的高校人事档案信息化建设。基于大数据视角的高校人事档案信息化建设是非常必要的，为信息化建设提供了一个全新的视角，不断拓宽信息来源，全面提高数据收的完整性、数据分析的高效性、人力资源发展趋势预测的精准性，不仅能够提升高校人力资源管理的效率，而且能够引领人力资源管理走向科学管理、主动适应未来发展趋势的新时代，必将成为高校人力资源管理发展的新起点。

其三，严格高校人事档案数字化管理人才招聘选拔的程序设计和素质条件，这是高校人事档案数字化管理团队专业化、专职化建设的关键。高校人事档案数字化管理团队专业化、专职化建设的关键仍然是要通过严把入口，加强相关管理人员素质技能的专业化程度要求，其中就目前而言最需要的是增加相关专业技术人才的招聘。

其四，不断增强高校人事档案数字化管理人员的专业技能培训，这是高校人事档案数字化管理团队专业化、专职化建设的重点所在。对于现在从事高校人事档案数字化管理的管理人员而言，专业技能培训无疑是提高专业技能的重要手段。高校人事档案管理部门应当加大专项经费投入，定期对相关的管理人员进行专业技能培训，并对培训学习效果进行量化考核，将考核结果纳入员工考核体系并使之制度化。

2. 培育复合型人才队伍

加强管理人员的综合技能培训，大力培育以复合型人才为主的高校人事档案数字化管理人才队伍。在大数据时代背景下开高校人事档案数字化管理，对管理人才的要求越来越高，对复合型人才的需求越来越强烈，而日前以专业背景招募的高校人事档案数字化管理人才仍然只是能够完成某些专项任务的专门人才，为此必须采取措施提高管理人员的综合技能，为此，需要做以下努力。

一方面，要加强高校人事档案数字化管理人员的综合技能培训，不断丰富和完善高校人事档案管理人员的知识结构和理论储备。在大数据时代背景下，相关人事档案管理的从业人员"不仅需要具备图书、情报、档案学的专业知识，还需具备广博的知识、现代信息技术应用能力、信息加工处理能力、计算机网络及日常使用及管理维护等方面的知识"。高校人事档案管理部门要把综合技能培训常态化、制度化，并在实践中不断地丰富和发展综合技能培训的形式。

另一方面，要加强管理人员外出交流学习实践的机会，积极借鉴高校人事档案数字化管理效果显著的团队建设经验。

总之，在高校人事档案数字化管理过程中，要注意采取形式多样的交流、培训等手段，不断地培育和发展高校人事档案数字化管理人员的综合技能，积极形成以复合型人才为主的高校人事档案数字化管理人才队伍，以更好地服务于高校人事档案数字化管理实践发展的需要。

3. 加强管理人员的梯队建设

加强管理人员的梯队建设，形成梯队合理分布、人员搭配良好的高校人事档案数字化管理团队。高校人事档案数字化管理不仅要注意满足现阶段的人事档案管理需要，更要注意关注高校人事档案管理事业的长期可持续发展。

梯队合理分布、人员搭配良好的数字化管理团队，既是满足高校现实发展需要的重要条件，又是高校人事档案管理事业持续发展的重要人才资源保障。着力加强管理团队的梯队建设，合理搭配管理团队的管理人员，既是加强管理团队建设的重要任务，也是破解当前高校人事档案数字化管理人才发展困境的现实要求。在大数据时代背景下加强高校人事档案数字化管理人才的梯队建设需要注意以下几个方面。

其一，要注意综合考虑高校人事档案数字化管理人员的年龄结构、性别比例、知识层次、兴趣爱好、能力特长，并对其进行合理安排和精心搭配。这既是高校人事档案数字化管理梯队建设必须注意的方向，更是加强高校人事档案数字化管理在人才梯队建设的基本措施。高校人事档案数字化管理实践过程中，要立足实际情况和现有人才素质队伍的基础条件，合理地搭配和组合团队的年龄结构、性别比例、知识层次、兴趣爱好、能力特长，形成梯队合理分布的高校人事档案数字化管理人才队伍。

其二，要妥善处理梯队建设与现实人才素质要求的关系。现实的人才素质要求是满足高校人事档案数字化管理现实需要的重要人力资源条件，也是开展高校人事档案数字化管理梯队建设的前提和基础；高校人事档案数字化管理梯队建设是在满足高校人事档案数字化管理现实人才素质要求的基础上，对现实人力资源的合理配置与优化组合，以充分保障高校人事档案数字化管理人才队伍的可持续发展。

总之，在高校人事档案数字化管理过程中，高校人事档案管理部门应当着力加强管理人员的专业化、专职化建设，积极构建专业化人才队伍；加强管理人员的综合技能培训，积极培育复合型人才队伍；加强管理人员的梯队建设，努力形成梯队合理分布的管理团队。通过一系列的管理团队建设，致力于打造一支以高效服务为目标、专业化素质比较强、复合型人才比较多、梯队分布相对合理的高素质、高效率的管理团队，为高校人事档案数字化管理的健康可持续发展提供重要的人力资源保障。

（三）以"安全"为导向建设档案数据库

在高校人事档案数字化管理过程中，还特别强调人事档案数据库的安全性建设，人事档案数据库的安全性不仅涉及高校人事档案当事人的个人权益，更关系到高校人事组织部门的用人决策，是关乎社会主义教育事业发展的大事。可以说，数据库的安全可靠，既是发挥高校人事档案服务功能的前提条件，又是贯彻落实"保密性"原则的基本要求。在当前高校人事档案数字化管理过程中，数据库的安全性问题较为突出，为此，建设高校人事档案数据库需要以"安全"为导向，重点加强数据库的安全性。具体而言，需要从以下几个方面着手：

1. 完善高校人事档案数据库的功能开发

以高校人事档案数据库功能的开发与完善，来防范和降低高校人事档案数据库自身的风险问题。在高校人事档案数字化管理，数据库建设还存在着某些功能缺陷，这些问题的存在不仅是高校人事档案数字化管理过程中的重要风险，更是防范和化解风险的重要突破口。为此，在高校人事档案数字化管理过程中，人事档案数据库的技术人员，需要加强数据库的功能开发和完善，从源头上减少数据库风险的发生。例如，不断完善数据库的安全认证系统，所有查阅高校人事档案数据库的人员，均需通过相关的认证信息，对于涉及人事档案当事人隐私权的私密信息，则需要更高一级的授权或许可。通过建立安全等级和授权体系，有助于在一定程度上防范和降低数据库的信息泄露风险，保障和维护人事档案当事人的隐私权限，增强高校人事档案数据库的安全性。

除此之外，还需要开发和制定安全性能比较高的数据库系统软件，统一或基本统一数据库的存储格式，以服务于数据库分析和处理功能的发挥。高校人事档案数据库的存储格式千差万别，导致人事档案数据库的综合分析能力较弱，许多数据库的功能未能得到充分的发挥，同时也给数据库的安全维护带来了一定的困难。当然，除了完善高校人事档案数据库的功能开发，积极购买安全性能高的软件系统，也是防范和降低数据库自身风险的重要措施。

2. 规范人事档案管理人员的管理行为

以此来防范和降低人事档案数据库的人为操作风险。高校人事档案数据库的安全性建设，不仅涉及数据库自身的安全性，更与人事档案数据库的管理人员息息相关，人事档案数据库的人为操作风险也是数据库安全性建设面临的重要挑战。在高校人事档案数字化管理过程中，人为操作风险主要是指在实践过程中管理人员由于操作不当而导致的信息损毁或信息缺失的现象，防范和化解人为操作风险便要从规范人事档案管理人员管理行为，提高人事档案管理人员的安全意识入手。一方面，完善人事档案数据库管理的规章制度、管理细则，不断规范管理人员的管理行为，强化管理人员的安全意识，这是防范和化解人事档案数据库风险问题的关键。在高校人事档案数字化管理在实践过程中，应当重视制度约束的重要功能和作用，逐步完善和细化人事档案数据库的管理规定，使人事档案数据库的管理人员行为选择有据可凭，减少和降低人事档案数据库管理中的随意性问题。

另一方面,加强人事档案数据库管理人员的安全意识培训和管理技能训练,这是防范和化解人事档案数据库风险问题的重要举措。在高校人事档案数字化管理过程中,人事档案数据库管理人员的安全意识和管理技能直接关乎人事档案数据库的安全性,管理技能培训在提高管理人员管理技能的同时,也强化了管理人员的安全意识,因而无疑是增强人事档案数据库安全性的重要手段。

3. 优化与提升人事档案数据库的管理技术和管理手段

高校人事档案管理工作普遍存在管理制度不健全、管理人员配备不足、硬件条件不完全符合档案安全保管要求等问题,在一定程度上制约了高校人事档案作用的发挥。因此,要最大限度地降低人事档案数据库的管理风险。人事档案数据库的管理技术先进与否,不仅关乎人事档案数据库的内容建设,更关系到人事档案数据库的安全性建设。为此,在高校人事档案数字化管理在实践过程中完善高校人事档案数据库的安全性建设,还需要不断地优化和提升人事档案数据库的管理技术手段,以先进的管理技术手段来降低人事档案数据库的管理风险。为此,需要注意以下几点:

第一,由于高校人事档案管理工作错综复杂,要进行管理和运用方法上的创生与优化。加大设备资金投入力度,建立符合高校特点的人事档案数据库管理平台;加强业务培训,全面提高档案工作者的综合素质;制定人事档案著录细则,明确管理职责;统一分类号,保证检索查全率;拓宽人事信息收集范围,丰富人事档案数据库内容;部分公开人事档案内容,实现人事信息资源共享,由此增强人事档案管理的连贯性和系统性,使高校人事档案管理工作更具生机和活力。

第二,高校人事档案管理部门应当注意人事档案数据库的管理技术研发和运用。高校人事档案数字化管理在实践过程中，应当加大对管理技术研发和应用的扶持力度，提供专项研发资金，搭建专门技术人才队伍以提供最为便捷的条件支持管理技术的研发和应用。先进的管理技术手段，如数字认证技术、数字加密技术，不仅为高校人事档案数字化管理提供便捷，更是为人事档案数据库的安全性建设提供保障。

第三，在高校人事档案数字化管理过程中，管理部门还应当充分发挥各种管理技术的优势和集体合力。任何一种管理技术都有其适用领域和优势局限，高校人事档案数据库的管理人员，应当看到这些管理技术的优势与不足，充分发挥管理手段的优势，努力规避管理手段的不足，同时积极发挥多种管理手段、管理技术的集体合力，努力提高高校人事当数据库的安全性。

（四）以"规范"为方向理顺档案管理制度

人事档案数字化管理制度是人事档案数字化管理有效实施的制度保障，在高校人事档案数字化管理过程中，应当充分发挥正式制度的约束和规范作用，充分保障人事档案数字化管理实践有章可循、有据可依。在当前，理顺高校人事档案数字化管理制度，需要以"规范"为方向和要求理顺总体性的管理制度框架、具体的日常管理制度，完善相关的配套制度，建立起以"服务"为核心取向的契合社会主义市场经济发展需要的高校人事档案数字化管理制度。在高校人事档案数字化管理实践中，完善高校人事档案管理制度需要从以下几方面入手。

1. 加强高校人事档案管理的总体性制度设计

大数据时代背景下，高校人事档案管理数字化的发展趋势日益明显，实施高校人事档案数字化管理实践势在必行，要着力建构与市场经济相契合、以"服务"为导向的高校人事档案管理新制度。

在今后的高校人事档案数字化管理实践中，要加强总体性的顶层制度设计，重塑以"服务"为主导的制度设计理念。"通过改革和创新，使人事档案管理制度的功能由过去凌驾于个人之上，对人实行简单的控制逐步转化为相对人的发展与流动提供相应的信息、信用证明和服务。人事档案管理制度只有削弱控制功能而强化服务功能，才能真正实现对人的宏观管理，从而全面提升人事档案管理工作的层次。"可见，在高校人事档案数字化管理的实践过程中，必须积极实现从"管控"向"服务"的价值转型和观念重塑，在总体制度框架设计时，更加注重服务高校人事档案管理事业的发展需要，充分满足高校人力资源优化配置的多样需求，努力提高高校人事档案管理发展的新境界和新水平。

2. 使人事档案数字化管理实践有据可依、有章可循

为实现这一内容要以规范有序为指导加强高校人事档案数字化管理的日常管理制度建设。在高校人事档案数字化管理实践中，除了精心设计高校人事档案的总体性管理制度，还要设计人事档案的日常管理制度，这是指导高校人事档案数字化管理实践的具体管理制度。高校人事档案管理的日常管理制度，可以有效地规范和约束高校人事档案管理人员的日常行为，进而促进高校人事档案日常管理的规范化、程序化、科学化。完善人事档案数字化管理的日常管理制度，不断提高人事档案数字化管理的制度化、规范化、科学化水平，是高校人事档案数字化管理制度建设的关键所在。

在具体的制度设计中，应该逐步完善高校人事档案数字化管理的档案归档、档案甄别、档案转换、档案保管、档案分析、档案利用等环节的分类管理制度，严格把关高校人事档案数字化管理实践中的各个环节和流程，努力

实现高校人事档案数字化管理的规范化、程序化、科学化，使高校人事档案数字化管理实践，在制度规定约束下有序运转和良性发展。

大数据时代背景下，高校人事档案管理数字化制度创新实践中，应当特别重视日常管理制度的实践探索，努力适应大数据时代背景下高校人事档案管理数字化、信息化与规范化的发展趋势，不断完善与创新高校人事档案的日常管理制度和相关规定，这是大数据时代背景下高校人事档案管理制度建构与制度创新的基本任务，也是高校人事档案数字化管理实践过程中制度创新的重要方向，更是服务高校人事档案管理事业发展的必然要求。利用大数据，针对高校人事档案信息管理系统，开展分析和预测，并进行有效的规划，可以在最大限度上，避免高校高层次人才的流失，起到稳定人才的作用，要实现这一目的需要从以下两个方面入手。

第一，要针对当前的高校师资状况和结构进行调查，并与环境数据结合起来，利用大数据展开分析，并且针对高校人力资源，做出未来发展的预测，并且带来决策依据，从而形成科学的规划，进行中长期的师资引进，在每年的招聘计划中，都按照这个标准来进行。

第二，针对那些已经离职的教职工，进行相关信息的收集和分析，分析他们离职的原因和影响，并在日常管理中，制订相应的解决对策。高校方面利用大数据，针对那些有着离职倾向的教职工，进行重点的关注，彻底打消他们的离职想法，从而保持人力资源的稳定性，特别是保证高层次的人才队伍稳定，为高校的发展带来更多的科研项目和经费，从而促进高校的学科发展，实现技术创新，实现高校有形资产和无形资产的综合提高，从而针对高校人力资源、形成比较准确的预测，在高校人力资源进行数字化分析之后，加强科学管理，并且为以后的发展制定有效的决策依据，实现用人的管理，并且激励人，促进人的全面发展，使其可以为人才培养和科学研究贡献自己的力量。

（五）以"完备"为标准增强基础设施建设

在高校人事档案数字化管理过程中，基础设施建设也是十分重要的，高校人事档案数字化管理的基础设施建设主要包括硬件设备的更新、软件系统的完善以及网络实施的优化，这是高校人事档案数字化管理实践有序开展的重要条件和基础。在高校人事档案数字化管理过程中应当以建构功能完备、设施齐全的基础设施为目标，不断完善高校人事档案数字化管理的硬件设施、软件系统以及网络设施建设。为此，主要应从以下几方面努力。

1. 不断完善高校人事档案数字化管理的基础条件

不断完善高校人事档案数字化管理的硬件设备、办公场所等硬件设施，为实施高校人事档案数字化管理创造良好的基础条件。高校人事档案数字化管理在运行过程中，硬件设施诸如办公场所、计算机设备、移动硬盘、U盘、摄像机、扫描仪、照相机等，是实现人事档案数字化管理必不可少的基础设施和办公条件，然而，在各地的高校人事档案管理过程中，仍有不少高校的这些基础设施十分欠缺。为此，需要采取措施完善高校人事档案数字化管理的硬件设施。

一方面，加强领导对基础设施建设的重要性认知，加大基础设施经费支持的投入力度，提供专项资金予以财力保障。基础设施的硬件设备和办公场所的添置，都是以雄厚的财力支持为依托的，为此，高校人事档案数字化管理在运行过程中，应当加强领导的重视程度和专项经费的投入力度，不断添置数字化管理所必需的硬件设备，不断改善数字化管理的办公场所和办公条件，为高校人事档案数字化管理的顺利实施创造良好的外部条件。

另一方面，高校人事档案数字化管理在运行过程中，还需要相关管理人员对数字化管理的硬件设施，及时进行维护和管理。硬件设施的建设不只是一个添置设施的问题，更是一个硬件设施维护和管理的过程，离开了硬件设施的维护和管理来谈硬件设施的建设是不完整的。在高校人事档案数字化管理过程中，管理部门应当安排专职人员对硬件设备和办公场所进行设备维护和日常管理，最大限度地延长高校人事档案数字化管理设施的使用寿命和生命周期，避免高校人事档案数字化管理设备和设施的无端浪费，实现高校人事档案硬件设备和办公场所利用效率的最大化，以便更好地服务于高校人事档案数字化管理实践的发展需要，服务于高校人事档案管理事业的长远需求。

2. 不断完善高校人事档案数字化管理的软件系统

人事档案信息数字化管理的重要基础是其所依赖的配套设备、应用软件、操作系统等，这也是"人事档案数字化信息在读出和检索等方面的技术基础"。在高校人事档案数字化管理过程中，除了硬件设备的建设，软件系统也是十分重要的，软件系统在人事档案管理过程中不仅是人事档案数据库运行的重要技术支持，更是数字化管理得以实现的关键所在。为此，必须采取措施不断地完善高校人事档案数字化管理的软件系统，应从两方面入手：一方面，要加大经费支持力度，配备相关的技术研发人员，积极推动高校人事档案数字化管理的软件系统研发和功能完善。软件系统的完善主要依靠技术人员的研发，然而，这又需要专项经费支持和专门人才的配备。为此，在高校人事档案数字化管理过程中，人事档案管理部门应当统揽全局，积极争取上级部门的人力、物力、财力支持力度，积极调配专门的管理技术团队，加大技术研发的财力支持和激励措施。同时，积极借鉴高校人事档案数字化管理过程中的先进信息技术，不断完善和拓展人事档案管理系统的功能。另一方面，积极提高高校人事档案数字化管理过程中，软件系统的实践应用程度，为高校人事档案数字化管理实践的顺利开展，奠定坚实的基础。高校人事档案数字化管理在运行过程中，不仅应当注重软件系统的研发和功能完善，更重要的是将理论成果转化为实践应用的科技成果，不断提高人事档案管理软件系统的应用效果，从而不断服务于高校人事档案数字化管理过程中的数据库建设和日常管理实践。

3. 不断优化高校人事档案数字化管理的网络设施

在高校人事档案数字化管理过程中，除了硬件设施、软件系统外，人事档案数字化管理的网络设施也是十分关键的。在高校人事档案数字化管理的运行过程中，网络设施和网络设备既是高校人事档案数据库安全性建设的重要条件，也是高校人事档案数字化管理的重要保障和现实条件。然而，在目前的高校人事档案数字化管理过程中，受制于"经费投入的有限性"，互联网网络与局域网建设仍然相对滞后，难以满足人事档案数字化管理的需要。为此，必须顺应大数据时代对数字化处理速度的要求，积极采取措施努力提高高校人事档案数字化管理的网络设施和网络服务质量，以更好地满足高校人事档案数字化管理实践的需要。一方面，应加大经费支持力度，不断添置高校人事档案数字化管理的网络设备，改善网络设施的硬件条件。具体而言，主要是指专门拿出专项经费，购买网络路由器、转换器、网线等基础设备，为优化高校人事档案数字化管理的服务网络奠定基础。另一方面，要顺应大数据时代对网络数据处理速度和传输速度的要求，购买服务性能更稳定、网络速度更高的网络带宽，完善人事档案数字化管理的局域网，为高校人事档案数字化管理完善高校人事档案数字化管理的网络服务设施创造条件。

总之，在高校人事档案数字化管理在运行过程中，应当通过不断完善网络服务设施，提供性能更为优越的网络服务质量，来满足高校人事档案数字化管理过程中对网络传输速度、网络分析速度的需要，以便更好地服务于高校人事档案数字化管理事业的发展需求，更好地服务于高校人事档案当事人的多样化需求。

参考文献

[1] 马小平. 高校人力资源管理发展与创新 [M]. 长春：吉林出版集团股份有限公司，2018.

[2] 梁丽君. 新时期高校人力资源管理研究 [M]. 北京：光明日报出版社，2015.

[3] 唐杰. 人力资源管理理论在高校学生管理中的应用研究 [M]. 成都：电子科技大学出版社，2018.

[4] 徐谡. 高校人力资源管理 [M]. 北京：清华大学出版社，2016.

[5] 杨静. 高校人力资源管理信息化建设：基于"双一流"建设背景 [M]. 北京：科学出版社，2018.

[6] 卿涛，郭志刚. 薪酬管理 [M]. 沈阳：东北财经大学出版社，2018.

[7] 冯常生，任乐. 人力资源管理 [M]. 开封：河南大学出版社，2013.

[8] 任乐，冯常生. 人力资源管理教程 [M]. 开封：河南大学出版社，2015.

[9] 王通讯，中国人事科学研究院.大数据人力资源管理[M].北京：中国人事出版社，2016.

[10] 吴冬梅，等.大学教师人力资源管理[M].北京：首都经济贸易大学出版社，2014.

[11] 孟瑜.学校人力资源领导[M].上海：华东师范大学出版社，2018.

[12] 蔡治.大数据时代的人力资源管理[M].北京：清华大学出版社，2016.

[13] 陈葆华，任广新，张建国.现代人力资源管理[M].北京：北京理工大学出版社，2017.

[14] 刘建强，刘来，陈建芳.应用型本科院校绩效管理研究[M].湘潭：湘潭大学出版社，2017.

[15] 陈媛华.大数据时代的高校人事档案管理创新[M].成都：四川大学出版社，2015.

[16] 张同全.人力资源管理[M].沈阳：东北财经大学出版社，2018.

[17] 李艳芳，韩燕.新时期高等教育管理路径及实践策略研究[M].长春：东北师范大学出版社，2018.

[18] 陆地.新时代高校人力资源管理：演化路径和模式构建[J].高等理科教育，2018(6)：81-86+93.

[19] 吕际云.大数据时代下的高校人力资源管理创新探索[J].创新创业理论研究与实践，2018，1(14)：96-97.

[20] 刘琳，姜春晓.高校人力资源管理中存在的问题及对策分析[J].教育教学论坛，2018（16）：8-9.

[21] 陈露露.高校人力资源管理成本的研究[J].职业技术，2018，17（6）：7-9.

[22] 于安国.高校人力资源管理激励机制的构建研究[J].企业科技与发展，2018（10）：213-214.

[23] 李智.浅谈高校人事管理向战略人力资源管理的演进及实现途径[J].现代营销（下旬刊），2018（07）：167.

[24] 李玉存.新时期背景下高校人力资源管理研究[J].保山学院学报，2018，37（3）：48-52.

[25] 薛鹏.绩效考核在高校人力资源管理中的应用研究[J].中国集体经济，2018（3）：125-126.

[26] 吕端阳.高校人力资源管理激励机制的优化研究[J].现代交际，2018（15）：165+164.

[27] 赵子叶.基于大数据思维下对高校人力资源管理的人事档案信息化建设的探讨[J].品牌研究，2018（5）：201-202.